我把耳朵
借給了畫筆

林瑋萱 —— 著

晨星出版

―――――――――― **齊聲推薦** ――――――――――

「瑋萱以藝術創作，將她的感官世界顯象，
也紀錄了她獨特的聲音視覺。」

――前國立台灣美術館館長 / 國立臺南藝術大學榮譽教授　薛保瑕

「生理或許有限，生命卻是無限，真情、真誠、真純，
瑋萱引領我們看見生命的美善。」

――台灣身心障礙藝術發展協會理事長　張麗莉

「從推薦瑋萱的畫，到推薦瑋萱的書，
瑋萱的作品總是處處充滿驚喜，充滿正面能量，
從她眼中看到的世界，似乎比你我的世界更精采，
誠心與您分享。」

――天來文化藝術基金會執行長 劉詩亮

一個沒辦法抓住聲音的人
那個世界是什麼樣的

透過眼睛觀看，我學會了感受

即使耳朵放在手裡，我依然可以透過眼睛去了解這世界．

耳朵住在泡泡裡，在聲波漂浮

在聲音尚未開啟之前，我的世界是安靜。

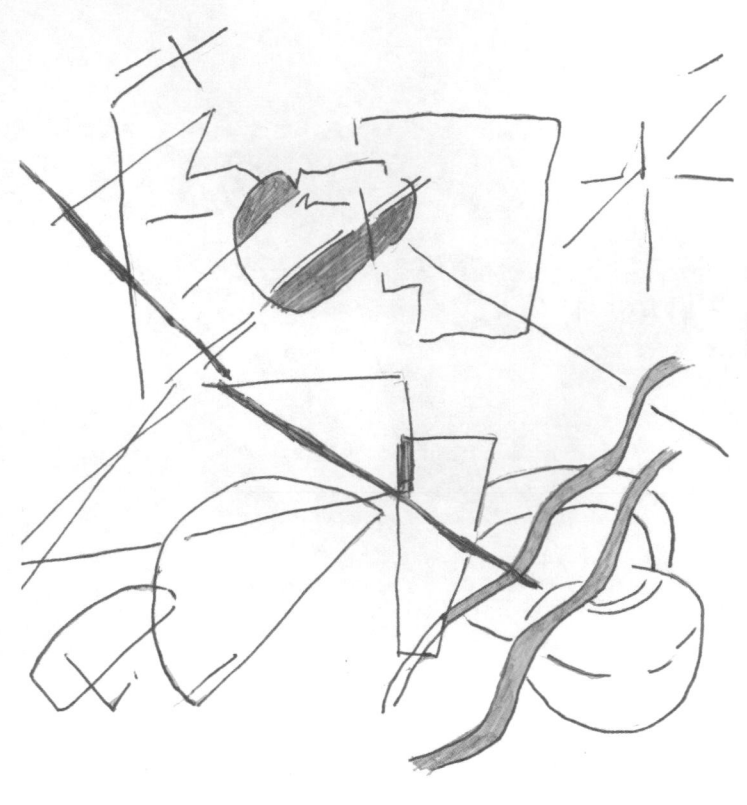

聲波的線條原來是長這個樣子
高、低、曲線

我的助聽器像是大型的擴音機

好友序

「不只是藝術家，是摯友、家人，也是靈魂夥伴。」 ──黃馨鈺

　　瑋萱像是位優游人間調皮的小精靈。她常自嘲自己外表和個性像是派大星般圓滾滾、傻呼呼、大喇喇，是顆粉紅色小球。在我眼中的她也是如此，除了相當愛說話、無敵淘氣，還是只古靈精怪的小惡魔。常常捉弄身邊的朋友，或是帶頭起鬨，把大家逗得哈哈大笑，比孩子還像是個孩子！在她的搗蛋攻勢下，小朋友常常拿她沒有辦法地投降，是大人眼中的開心果、小朋友眼中又愛又恨的超級玩伴。

　　猶記初在台藝大就讀研究所時，因為擔任聽障同學的學伴，所以間接認識了一群校內的聽障朋友們。初次見面時的手忙腳亂，回想起來，大夥應該會覺得我太過緊張、認真且嚴肅吧！我總是小心翼翼地避免提及他人的「傷痛」，所以面對這些活潑的朋友們，實在不知道該如何使用最恰當的溝通方式，讓他們感受到我的誠懇與重視，以及對他們失去了聽覺感到難過的抱歉。或許就是因為想得太多，對差異定義得太過絕對，我的表現一點都不自在、不自然，但是他們對於我不知所措行為的包容和陽光般的正面表情，反

倒讓我學了重要的一課──缺了什麼不是重點，而是當你真正面對與接受了這樣的缺少，生命更顯得自然。每個人都有其困頓缺乏的一塊，或許不是外在可辨、具體可見的生理器官，但顯現在心理或是生命故事中的大家其實都一樣。我們各自都有缺陷、有失去，但一樣在生命中學習面對、改進或是接受，當克服與接納了的時候，我們的生命就能更加地圓滿、正面，這也是我在認識瑋萱這十幾年來所向她學習到的。

　　一開始，助聽器這個與聲音連結的橋樑，是我們常討論的話題。瑋萱的聽力被醫生判定為重度障礙，我很好奇這個媒介究竟是如何傳達我們之間的對話，但是當助聽器戴進我的耳朵時，聽見像是菜市場叫賣般、音質奇差又吱吱叫囂的麥克風聲響，讓我不由得地難受了起來，因為我們聽見的美妙音樂、蟲鳴鳥叫、人們說話、生活中大小瑣碎的聲音就像是被重新「包裝」後從機器送進他們的耳朵中，但這一點都不美妙，因為這是我們聽人認知中的噪音，但卻是他們所天天接收到的外界聲響，他們雖然也不喜歡，但

因為溝通與生活的需要，還是得耐著性子去習慣，這也讓我更珍惜了自己的所有。

　　喜歡誇張色彩、自在隨性、充滿童趣故事性、不具領域性衝突的表現方式與創作理念的雷同，使得我們常常為伴地一起創作、一起討論、一同展覽，即便給彼此作品建議，對方都好像比自己更了解自己作品般地謀合。同時，我們也曾是數年的室友，生活上若有事需要即刻的聯繫時，我是她的窗口，而她則是提供不容易鬆綁的我一個簡單、確定不複雜的信念，互相幫忙與扶持的平和，讓我們比家人還要像家人般，總有說不完的話與對未來的想像，彼此獨立卻又融洽，有著無法言說的默契。

　　看著瑋萱創作走來，她總將這些小小寫意直線和隨性小點，由四開紙張上的色塊、線條，轉移至小畫布上布陳，又把這些豐沛色彩解放至大型畫布上，慢慢地長大長大，像是寵物茁壯裝不下般地不斷地更換處所，我還在幻想，哪一天會不會它們已經大到裝不下了，肆意地漂浮並充滿在我呼吸的空氣中，像瑋萱一樣常伴身邊，如影隨形?!

　　在我心中，瑋萱這個將屆不惑之年的大小孩，她的才氣與玩心是與生俱來的，看著她創作時認真玩耍的表情，都會令我莞爾一笑；她的畫作中可以看見她沒有算計的筆觸、試探的痕跡、自體繁衍的故事鋪陳……等，一直以來，我問她：「妳想傳達什麼呢？」她總回答：「我希望看到我繪畫的人覺得快樂！」我羨慕她的率直

與勇敢，因為我往往都在尋找更有「深度」的答案，但是卻忘記「快樂」是每個人時刻都想擁有、都希望如此的，也因為每個人對於愉悅的期待，所以她奔放的作品們常能與觀眾產生共鳴，開心地在畫面中同它們共同舞動。

　　我的好朋友、好姊妹、好夥伴，瑋萱，我知道妳未來仍會持續地把快樂創作的心情傳遞給每一位在心中還住著聖修伯里的小王子的大孩子、小孩子們，或許這就是上帝或是宇宙存有創造和妳約定這趟來地球的任務吧！

前言

用自己的方式發聲

關於我耳朵聽力上的殘缺，它不完美，但我享受它給我現在的人生。我能聽見搖滾音樂的節奏、垃圾車低沉的聲音，但聽不見小鳥高頻的叫聲和人們說話的聲音。小時候，父母親帶我上了三年的口語訓練，奠定了我說話發聲的基礎，雖然只有短短的三年，卻深深影響我至今。我能輕鬆自如與聽人 * 交談、開玩笑，有些人聽到我的口音會誤以為我是住在國外的華僑，常問我是從哪個國家來的。

少了外在聲音直接的連結，生理與心理之間的不協調，導致自己與自己之間有著些微的落差、障礙與限制，無法順利完整地表達自己想說的話。自從與藝術相遇後，透過繪畫創作的過程，使我加深與內在自我的聯繫。透過身體的勞動、色彩的治療，幾何線條紓解個人的情感，找到了專屬傾聽自己的出口，包容我大量的傾訴和緩慢的聲音。繪畫將分裂的自己重新進行拼湊，透過它體現我的生命本質，並在色彩與線條間紀錄下我當下的情緒感受。

---

* 　聽人是指聽得見的人。

繪畫，表達我的語言。
而寫作，是我梳理內在的方式。

目　錄
CONTINETS

chapter

2

我把耳朵借給了畫筆

chapter 3　通往色彩的大山大海

chapter
4　傾聽聲音之外

chapter
1

消失的85%分貝

1-1
我家的柏拉圖洞穴

希臘哲學家柏拉圖曾經說過一個洞穴的比喻,這是一個關於追求真知的比喻,故事是這樣的:有一群囚犯在洞穴裡,每一個人的雙手和雙腳都被縛,背對著洞穴出口,只能往前面看。前方有座牆壁,而在他們後面有枝蠟燭,映射出來的光源投在牆上,出現了影子。但因為每個人都被束縛著無法回頭,久而久之竟然以為牆上投射出的影子是真實的世界。直到有一天,有一個囚犯掙脫了,回頭一看,走出洞穴接觸到陽光。

這個故事令我想到的是在父母的保護之下形成的安全洞穴，讓我們在生活上無憂無慮，不被外界真實的現實樣貌影響，生活太封閉也是會欺騙我們對外面的認知，這讓我對所謂的「真實」世界感到好奇，也許柏拉圖有他想闡述的理型世界，但對我來說，縱使身在洞穴內，我也不害怕，更不想麻痺自己的感官，因為尋找自己和家人，擁有真實的接觸，就必須先走出封閉的狀態。

| 繞著我轉呀轉的母親 |

媽媽是一個對婚姻和家庭充滿憧憬的女孩，正值青春年華的二十歲，與爸爸相識戀愛進而結婚，住在苗栗縣南庄鄉的大家庭。我，是爺爺家的第一個孫女，整個大家庭非常開心，我也備受呵護。在一歲時，家人發現我安靜不語，直到醫生宣告我聽不見的消息，更讓全家人深受打擊，媽媽問醫生為什麼會這樣呢？在我們家族史上從來沒有這樣的例子。有好長一段時間，媽媽不斷地自責與愧疚，一直回想懷孕過程有沒有忽略任何該注意的細節，但仍找不出原因。在醫療資訊尚未精密化的年代，爸媽努力去打聽資源，尋求更積極的做法，甚至求神問卜，盡一切補救我的聽力。聽說「穿耳洞」就可以聽得見聲音，彷彿找到一線希望，抱著試試看的祈求心情，帶我去穿耳洞。但依舊聽不見，卻多了金圓形的

耳環，看起來很美，卻又是沉重的失望！記得那時的我很討厭戴耳環，想盡辦法要把耳環弄掉，媽媽看起來很生氣，被臭罵了一頓。小小的我卻不知道原來是有原因的，不知道家人為什麼會如此地生氣。

父母真真切切愛的聲音，無情地在空氣中消失。

之後，弟弟妹妹相繼出生。爸爸因為在海上工作，正值壯年的生命連接的是世界上各大貿易港口。媽媽都是一個人照顧我們四個小孩，一邊持家、一邊等待爸爸的歸來，是心力強大的女人。打從有記憶以來，除了與母親相依偎，身邊總有許多親人照顧我、陪我玩，姑姑、表哥、表姊、堂姐等，唯獨爸爸，也許當時的他正在巴拿馬運河的某處，或是正在模里西斯的港口補給，所以小時候對爸爸的回憶一直很模糊。爸爸帶來滿足物質上的欲望，在生活上卻是遙遠的距離，少少參與我的世界，但回憶爸爸卻是很快樂的，因為

和各種舶來品相連結。

　　在生活上，媽媽不僅要扮演父親嚴厲的角色，更要適時溫柔地安撫孩子，這對一個先生不在身邊，獨立養育孩子的母親來說，的確很不容易。每次想起媽媽一個人在生活上面對我們四個孩子的辛勞與照顧，十分揪心，充滿疼惜與感激。

　　在醫療資訊尚未發達的年代，沒有人告訴我的父母，該怎樣養育一個聽障孩子？要怎麼知道我想要什麼或需要什麼？要怎麼知道我半夜哭又或是那裡不舒服呢？還有要怎麼告訴我，我是爸媽的寶貝呢？這對父母來說是多麼艱難的功課，無法想像，在照顧我的這段歲月裡，又是怎麼樣堅持的信念，一路養育我到長大。爸媽緊緊地擁著我，我雖聽不見愛的呢喃，但在爸媽臉上那真切的疼惜，便深刻地表現出對我的愛，這就是「擁抱的語言」，讓我感受到在父母的懷抱裡是多麼地溫暖，得到無比的安全感。而我從小與媽媽非常親密，常常撫觸媽媽的聲帶，感受聲音的振幅，閱讀嘴唇，想像字型。蔣勳說：「身體的記憶，影響於無形，卻久遠而深刻。」

| 航海家父親 |

　　從小到大一直覺得爸爸的工作很酷，很羨慕他可以環遊世界。在世界知名海運公司擔任輪機長，走環球航線，常年都在海外，一年回國一、兩次，若有放長假就會回來家裡待上幾個星期。有時，工作繁多忙碌而無法下船回家，媽媽就會帶著我們去基隆港或者高雄港，到港埠與父親相見。一整列的貨櫃以及正在吊卸的起重機場景在我面前展開，我最喜歡看機台把綠色長方形的貨櫃移動組合、排列，像在堆樂高玩具般，堆疊得高高的。爸爸帶著我們走上細細長長的舷梯到甲板上的白色正方形建築物裡，讓我們一探艙內，裡頭有分層，最上面的是駕駛艙，另外還有機艙的控制室、廚房和餐廳等等。艙裡空間的走廊既狹窄又彎曲，每一間的門又長得很像，小小的我們深怕會迷路，一路緊緊地跟著爸爸到房間。裡頭有沙發、辦公桌、浴室、床和喝不完的可樂，還有黑邊橢圓形的窗戶，可以看到大海，這是獨一無二的海景套房。爸爸那次還在浴缸裡倒有貼芝麻街大鳥圖案的泡泡浴精，神奇地在水面上直冒出綿白色的泡沫，令我和妹妹看得入神，興奮地跳進浴缸裡讓泡沫覆蓋著全身、把泡泡堆在頭上，在裡面玩很久直到媽媽不斷地催促才起身。

父親在海外的生活經驗讓我看到不一樣的世界，也造就了我喜歡探索、喜歡新奇的性格。長大之後仍繼續保持好奇心，發掘未知的事物並樂在其中，即使面對未知仍帶點不安的心理，但我喜歡享受新鮮事物帶來的趣味多於熟悉的事物。同時也深切影響我在繪畫中不斷的創新，關注我所喜歡的主題，研究線條、筆觸要怎麼畫等等，在繪畫的領域裡，流著航海家父親的血液去冒險和追尋那未知的可能。雖然在畫布上，當要下第一筆時非常困難，會猶豫很久，這時我要解決的第一件事，就是克服「習慣」的安逸心理，我相信最終還是會畫出來，我需要做的是去振動想像力的翅膀。事物有時候不一定是「新」的，它可能是一直存在的事情，所以是自己沒有注意到的部分，從熟悉之處不厭其煩地再去發掘，搶在未曾接觸之前多些體驗。

　　聽人家說國外的月亮很圓又很大，爸爸是否也會站在甲板上靜靜地看著海面上的月亮呢？ 在浩瀚無垠的天空，布滿了閃耀般的星星，閃閃的光亮只有在黑暗的夜裡才會出現，流星劃過天際到海裡的消逝也看到了嗎？ 是否也看見海豚在天空下滾著海浪跳躍著？ 遇到狂風暴雨的大浪把船弄得搖搖晃晃，不知道爸爸的心情是什麼樣的呢？ 對爸爸的印象是一個在大海盡頭很遙遠的航海家。

| 「吾愛」航空信與巧克力 |

爸爸在不同國家時常稍來淡藍色條紋的航空信件給媽媽。媽媽說信封要坐好久的飛機，要一周的時間，有時十天半個月、甚至更長才能送達我們手上。我們聽著媽媽說爸爸在國外看到的風景與近況，以及對我們的關心問候。記得媽媽的信上讀的第一個開頭字是「吾愛」，覺得很美，字裏行間透露出愛情的甜蜜！不知道什麼時候才擁有自己的信呢，一份屬於我跟爸爸的祕密。當我上小學讀書識字時，爸爸特別寫信給我，我喜出望外地打開信，紙上的注音符號穿插簡單的文字，努力地讓我直接和他有生活上的連接，感受到爸爸把滿溢的思念寄託在沉甸甸的藍色信件裡。書信往返雖然耗時且紙幅有限，但正因為有所限制，更顯珍貴。

爸爸每次回家，我們像是久久一次看到聖誕老公公般地開心，爸爸總是帶回很多當時非常炫的玩具，以及各國各式口味的巧克力做為我們小時候的零食。包裝盒外散發出濃濃的巧克力香味，聞起來好香，我們總迫不及待拆開包裝，爭先恐後地挑選喜歡的造型；甜甜的，吃起來有香甜潤滑的口感，濃郁的可可味再加上堅果、葡萄乾和牛奶香，一口接一口，很令人意猶未盡的甜點。這是我們全家人快樂的來源，令人充滿活力，沒有人能抗拒巧克力的魅力，而

且常很快地便在一兩天內吃完。爸爸每次買就一打，深怕滿足不了嘴饞的我們。如今在商店架上看到各式各樣的巧克力，總是勾起爸爸買給我們的童年回憶，心裡有如巧克力的幸福濃化開來，後來常跟朋友分享我的事情，忍不住想炫耀小時候有吃過國外這個或那個牌子的巧克力。我能體會為何記憶會歷久彌新，就如同扇貝型的海綿蛋糕「瑪德蓮」*也曾勾起普魯斯特的童年追憶，這種包含味蕾的記憶一經召喚，眼前會馬上浮出一幕幕的影像呢！

在生活物質上，可以感受到父親的分享與愛，滿足了我們對甜點、玩具的想像並且還能擁有它們。

| 國外的玩具 |

家裡的玩具幾乎是爸爸在國外買來的，細緻的布偶、會走路並汪汪叫的狗狗和 3D 立體幻燈片機（可以看幻燈片的玩具），對著燈泡把眼睛貼在機器上，就可以看到 14 張圖像組成一個故事，按下按鍵就可以換下一張幻燈片，這是超棒的玩具！還有，火車軌道

---

* 　法國文豪普魯斯特（Marcel Proust）在其著作《追憶似水年華》（A la recherché du temps perdu）從一塊海綿蛋糕的香氣引發回憶童年時光。

組，像積木一樣，可以用不同的組合搭配出不同的玩法，爸爸先把各種形狀的軌道組成 8 字型，有火車站、橋樑、能升起的柵欄和交通號誌，然後把火車放在軌道上跑，我們幾個小孩玩得不亦樂乎，就算重複一玩再玩也不會膩！在我童年時代竟如此奢侈地擁有這些新潮的玩具。

後來我想正因為那時候有了這些視覺上新奇的經驗，某部分也填補了我的感官經驗。觀察是進行探索的第一步，所以我拆開玩具，打開裡面的機關，將彈簧、發條、齒輪等小零件一一排列出來，原來機械內部暗藏玄機，除了驚奇於不同的造型，更想挖掘了解它的作用是什麼。從玩具到原子筆、鬧鐘、手電筒等等都是曾經拆解過的物品，現在甚至已經會拿螺絲起子、板手、鉗子修理家電，看到電器可以恢復使用，感到莫名的滿足。

這些精緻而且造型豐富的媒材，點燃了我動手做的熱情，我更從這些物品中看到每一個零件都有它的位置，無論大、小，散開來的玩具零件影響了我觀看畫布的視覺，在廣闊的留白畫布上分布散落的點、線與面的空間，像是宇宙中的星體，隨著視覺的移動，物件與物件相互形成關聯性，讓作品有如遊戲般地有趣。

| 弟弟妹妹的出生 |

　　大妹是媽媽辛辛苦苦懷的第二胎孩子，這一次有了更多的祝福與謹慎，希望孩子身體健康，平平安安。知道大妹是聽力健全的孩子，鬆了一口氣，這是媽媽最開心的事，期待迎接大妹的來臨。我也多了妹妹，可以一起玩耍、一起睡覺。但因為聽不見的關係，媽媽必須時刻照顧我，白天把妹妹託給外婆照顧，然後帶我去語言中心上課，晚上教我複習發音，持續三年，直到我從語言中心畢業，媽媽原本要給大妹的愛和時間都留給我了。大妹從懂事以來就和爸爸媽媽一起教育、陪著我，也是我練習說話的對象。當我發音錯了，大妹會當場糾正我，寫注音符號給我看，教我正確該說出來的音；如果正好人在我後面想叫我時，會特別跑到我面前喊一聲；彷若當全世界都聽不懂我說話的時候，只有大妹最了解我想表達的意思。我的聽不見和特別的腔調，也讓小小的她接觸到了另一個小宇宙。

　　慢慢地，第二個妹妹也來到世上，接著還有一個和我相差十歲的弟弟誕生了。在他們小時候的聽力一開始都是健全的，隨著長大

到兩三歲後的聽力也不知怎麼了，開始慢慢地退化，從原本說話對答如流，到聽不見聲音的種種跡象，讓媽媽的心涼了大半截，直覺不對勁，趕緊帶弟弟妹妹去醫院檢查。檢查的結果對媽媽的打擊非常大，讓她幾乎夜不成眠、食不下嚥。但因為之前有了照顧我的經驗，所以難過沒有太久，很快地發揮母親的力量，用盡全速把所有的事情安排好，聽力檢查、找助聽器，讓小妹和弟弟早日戴上助聽器，加上有發音的基礎，很快地就拾回聽和說的聲音。更為積極的是陪伴教育，讓他們在溝通上和一般人無異，但仍要戴助聽器，像是近視要戴上眼鏡一樣才能看得清楚。雖然在醫療上以及後天的訓練可以補救孩子的聽力，但總是要承擔較多的牽掛，付出較多的心力，一想到無法像正常孩子般，媽媽常痛在心裡深處，無法釋懷。她為了保護我們，也曾經不想讓外面的人知道家裡有三個聽不見的孩子，心裡的擔負是我們永遠無法想像的深淵，但一路走來爸媽互相打氣支持，努力去化解心中的壓力和焦慮並為照顧我們盡力做好父母的本分。

我在家中排行雖然是老大，但自從弟弟妹妹出生之後，媽媽為了照料我，全家搬到外婆家請外婆一起幫忙照顧。貼心的大妹，從小就幫忙外婆照顧弟弟、妹妹，我在台北念書，大妹則在外婆家用一塊布背著小妹，當時的她才五、六歲，儼然有老大的樣子了。那時的我因為聽不見的關係，仗著父母給的關愛，我行我素地

做自己，卻不知要為父母分擔現實生活上的煩惱，說給我聽也聽不懂，許多事情只好轉向大妹。她的責任隨著時間推進越來越沉重，除了分擔媽媽的煩惱之外，同時也還要照顧我們三個人，大妹也是一個孩子，小小的年紀卻為我們承擔許多的壓力與責任，至今仍是家中很重要的角色。我記得有一段回憶是，正值國中叛逆期，不想在家裡吃飯且還硬要出去玩，於是與爸爸起了衝突，爸爸一氣之下就說我若踏出門，就不要再回來了，我也真的出門離開，準備正要下樓時，被大妹追出來把我留在樓梯間，哭著很怕我被趕出門不能再回家，叫我不要走，看著大妹難過的表情，讓我感受到手足間的同在。

在大一的那年，因為距離的關係很少回家，和家裡的人關係很疏離，我記得那時大妹曾經有一段時間很討厭我，因為我是那麼地自私，不管家裡發生什麼事都待在外面不回家。總是丟給她獨自承受，忘了她也需要一個人的空間與自由，覺得很抱歉，我之前曾向她道歉，妹妹也很寬容地原諒我當時的不懂事。而她現在不僅成為兩位孩子的母親，更是媽媽的好姊妹，我的好朋友、好妹妹，我們經常分享彼此的想法，在沮喪的時候適時為對方打氣，在生病的時候給予關懷。很感激大妹在我生命中成為我的家人，無怨無尤地幫忙整個家庭，並彌補了許多我年少時期不成熟未能給媽媽的愛。

| 餐桌家人 |

如果用一幅圖像來描述我的家人，
那肯定就是「吃飯」的人，
而且是全家人圍繞著餐桌，
毫不客氣、很怡然地享受美食。

　　爸爸和媽媽是很會做菜的人，尤其是爸爸，聽他說是在船上跟廚師學來的，為了打發海上無聊沉悶的生活，而培養起來烹飪的興趣。只要爸爸在家，便能吃到他料理的美食。看著爸爸和媽媽的背影貼在窄小的廚房空間裡，聽見他們互相討論，要放多少調味料，但手邊始終沒停下來地切菜、煮菜等等，忙碌來回地穿梭，而我們四個小孩窩在沙發上，輕鬆地看電視，等待爸媽端出熱騰騰

的菜餚，喊一聲：「吃飯了喲！」才起身去裝飯擺碗筷。舉凡紅燒獅子頭、麻辣五更腸旺、鹹湯圓、麻油雞、滷牛肉等等都難不倒爸媽。這些我們最愛吃的菜餚，光是看著都流口水，胃口大開，配飯也能吃上好幾碗，然後繼續吃著不說話，只想好好品嚐，幸福的表情在餐桌上展露無遺。這讓爸媽覺得很有成就感！逢年過節時，爸爸總是呼朋引伴地叫親戚們來我家吃飯，自己樂得在廚房忙裡忙外，拿出最好的食材，大展身手炒出好吃的菜給大家分享，賓主皆歡。親戚們很滿足地對我說：「你爸媽好會煮菜喔！」，當下聽了很開心，能嚐到幸福的料理是一件很幸福的事情。在耳濡目染之下，也讓我們對料理產生極大的興趣。

爸媽知道我很喜歡吃魚，常常煎魚給我吃。長大後，我第一次買魚回家時，不知道要先用刀劃破魚肚，把內臟挖出來，以及幫魚身的水擦乾，就這麼丟下油鍋，油非常囂張地不斷噴濺出來，嗶嗶波波的聲音好刺耳，想躲都來不及，直接地噴到手臂上、臉上，當時痛到很想罵髒話，想棄現場逃走，但又不能不顧鍋裡的魚。好不容易等魚的顏色變成金黃色，不再噴油了才敢撈起來，興沖沖地吃了一半，看到裡面生冷的內臟，當場快要吐出來。才知道煮一條魚並不容易，是一門學問啊！後來向爸媽請教怎麼煎魚，「魚身要先擦乾，再塗上薄薄的鹽巴，等油鍋熱了，以魚皮面朝下先入鍋煎約三分鐘，再來反面，這樣魚皮才不會破掉。」之後料理魚煮出心得

來，也成為最拿手的料理，常常煎魚給朋友們吃。

　　我們一家人的共同生活記憶，總是跟「吃」有連結，像是爸爸很愛過生日和過節，每次我們生日快到時會先和我們約時間，問我們要上那家餐館、要吃什麼蛋糕呢，我連自己的生日都想要低調了，還是擋不住爸爸熱情的么喝。爸爸很喜歡吃蛋糕，可是像他這樣的年紀，一般長輩不太喜歡吃蛋糕，或者不會特別提起。我們全家有 12 個人（包含妹婿和姪子、姪女們），爸爸都一定要幫我們過生日，也因此每個月幾乎都要吃蛋糕。我想愛吃蛋糕的背後，應該有特別原因，像是因為爸爸之前長年在海外，不知道這是不是為了彌補過去未參與的缺憾，總有一種連著過去的份要一起幫我們慶祝的用心。

　　再來，在一年四季裡生日吃蛋糕、清明節吃客家菜包、紅龜粿（有綠豆、紅豆兩種口味）、端午節包粽子、中秋節烤肉、秋天吃大閘蟹、跨年控窯烤番薯，和過年吃尾牙玩抽獎遊戲等等。我想，我們大伙其實最喜歡的應該是彼此圍在餐桌邊的時光。

| 媽媽不在家的日子 |

媽媽去國外看爸爸。

這段時間我和妹妹寄住在外婆家，天還未亮時，阿公騎腳踏車戴著我，一路上坐得很顛簸，因為地上都是小碎石。我緊抱著他的腰，深怕自己打瞌睡會摔下來，搖搖晃晃一小時才到竹北火車站，屁股總是特別痛，再把我轉交給阿姨，帶我去台北上課。記得第一天看到不是媽媽陪著，在沒有告知之下來不及做好心理準備，頓時失去安全感，阿姨不斷地拍拍安慰，在車上忍不住放聲大哭，引起不少乘客前來的關心。過了好久好久，才慢慢地習慣阿姨陪我去台北上課。下課通勤回到竹北，見到外公早已在車站等候載我回家，夕陽餘暉將我和外公的影子拉得斜斜長長，光影隨著腳踏板來回晃動著，眼皮加重的我靠著外公的背就這麼睡著了。這樣的日子持續了一段時間，直到媽媽回來。

事隔多年後，在爸爸整理的相簿上，看到爸媽在國外恩愛得像熱戀中的小倆口，甜蜜的氛圍感染了我，這時才解開當時對媽媽的不諒解，明白為什麼要賭氣離開我們，原來這是愛。

| 回家的路 |

小學一年級，忘記星期三的下午不用上課，我在門口不見媽媽一往如常地來接我回家，想著媽媽應該是忘記了。這時，摸著褲子口袋，裡頭有十塊錢，在那個年代可是可以吃一碗陽春麵的。腦海中出現媽媽交代有需要就打電話給她，走到公共電話亭正在猶豫要不要打電話，看著手上的十塊硬幣捨不得投進硬幣口，因為它不會退剩下的零錢還給我。然後，不知道從那裡來的勇氣和超強的記憶，毅然決定要走路回家，依循著媽媽接送我上下學那條路的記憶，非常篤定！整整走了一小時多，看到離家不遠的路段，快速地奔跑到公寓門前，毫不遲疑，甚至覺得蠻開心。按了家中的門鈴，媽媽正好在睡午覺，被突然站在家門前的我嚇到了，還記得當時媽媽很不捨我走這麼遠的路回來那感到心疼的樣子。

從小到大的衣食無虞，媽媽費盡心力照料我們、也擁抱我們的不完整，而爸爸如此犧牲他自己的時間和航海遠行的寂寞，努力賺錢給予我們寬裕的生活，讓我可以專心地唸書到研究所、買件新衣服、吃一頓好吃的，從不煩惱地揮霍青春到 30 歲後才開始工作，自立賺錢生活。四個孩子的食衣住行占滿了媽媽的生活一整天、甚至四十年，直到現在，仍然煮我們最愛吃的一桌菜，開車帶我們

上餐廳吃飯，逛街買衣服給我們，對我們的愛總是再多都嫌給的不
夠，竭盡所能地給予我們最好的一切，卻時常忘了留點時間給自
己。看著媽媽的辛勞，手指頭關節變形腫大、肩膀痠痛日漸地折磨
她的身體，身為媽媽的孩子也會心疼，於是我常幫媽媽按摩，希望
能舒緩她疲憊的身體並緩和心理上的壓力。

　　在媽媽還沒有準備好要放手讓我一個人接觸外面的世界，自己
卻早已開創人生的一小步。當我逐漸長大，渴望能夠有更多做決定
的權利，期望可以展現出自己的獨特時，開口向爸媽爭取獨立，告
訴他們我想追求自己想要的生活。然而，爸媽早已知道我在孩子的
時候已經展現出來的勇氣，相信這一切對我而言不是問題。

　　我很感激爸爸和媽媽願意帶我走出洞穴，讓我接觸外面的世
界，放手並且相信我能好好生活。

1-2

洋式style的惠美教育

「在聲音尚未開啟之前，我的世界是安靜。」

| 移動的風景 |

1979 年，一歲的我正值牙牙學語的階段，父母察覺到我對周遭聲音毫無反應，尤其被放鞭炮的紙片如雪花紛飛的畫面吸引定住，沒有立即摀住耳朵迅速地躲在一旁，和一般小孩的反應有所不同。

隨即帶我去台北榮總及台北鐵路醫院 * 做聽力檢查。爸媽知道我聽不到聲音後並沒有沮喪太久，收拾心情後開始不斷地尋找任何一個能讓我有機會與這世界溝通連接的可能。多次徵詢醫生何處有對聽力受損兒童合適的教學單位時，鐵路醫院建議小孩四歲以後由於腦神經發育較好了，可至台北「惠美聽力語言中心」上課，他們有提供口語訓練及讀唇教學。爸媽對惠美教育的理念十分認同與支持，唇語在當時是很先進的教學方式，所以不論多遠、多難、多貴，都堅持帶我去接受聽力語言中心的指導，讓我能夠學會聽與說的技巧。惠美聽力語言中心是由李郭惠美院長在民國 56 年所創立，教授口語並訓練聽障兒童。創設的主因是院長的兒子本身也是聽障，之前居住美國，有感於台灣聽障兒童教育資源貧乏，因此回

---

* 　會選擇台北鐵路醫院是因為該醫院對鐵路員工聽力檢查有較為系統及嚴謹的專業，也在那時的診斷下判定我的聽力確定受損。

台設立語言中心，希望推動學前教育，鼓勵聽障兒童接受口語訓練，之後能夠回歸主流教育體制內，進入普通班上課學習，也能順利地與一般人對話，持續練習讀唇與發音說話。

在惠美上課之前，爸媽竭盡所能地尋求任何補救的機會，這段時間都先在家裡自己教導，一邊摸索教材、一邊和我說說話，鼓勵我發出聲音。一字一字地灌溉我那寂靜的耳朵，直到聲音的光劃破了沉默。爸爸回憶說，說來也真神奇，我去惠美上課的第一天就會叫爸爸、媽媽了。我說的話對家人來說是多麼地平常，卻是遙不可及的期盼，讓家人覺得當時自學教育的方式是正確的。等到我 4 歲時，才去惠美語言中心接受教育，為了方便就讀，第一年借住台北親戚家，第二年有了妹妹，我們就搬回新竹縣的外婆家，妹妹托給外婆照顧，我和媽媽則每天一大早六點出門，從新竹縣搭火車到台北上課，中午下課回到外婆家已經是下午兩點後，風雨無阻地不放棄任何一次學習。

鄉下的清晨，微光暗色的天空，從外婆家騎一段鄉間小路到竹北火車站，這是個很小的站，我們搭乘固定的班次且是有藍色車體和白色線條的復興號，復古綠的雙人長椅，窗戶則是從下方一扣就可以往上拉開的設計，走道上方有一排電扇，夏天時一直轉動。喜歡趴著窗邊吹著風，看著兩旁風景被時速的推進而移動，刷拋到後

面消失。有時不小心睡著,醒來就已經到台北車站了,我們在後站下車,當時的惠美語言訓練中心就在中山北路的那段路上,放眼望去全面延伸的是正在擴建新鐵路和新馬路的景象。媽媽緊抓著我的小手沿著舊鐵軌旁走一小段之後,再拐進小巷子裡就到惠美中心。

　　整棟建築分為一樓小班、二樓中大班,一班約有 10 個人,桌椅分成前後兩排成環型狀,這樣的設計是為了讓我們都能閱讀到老師唇形和發音的字詞;我們胸前掛著像盒子一樣的口袋型接收器,端口連接 Y 型線耳罩式的耳機蓋住耳朵,搭配老師的麥克風,盒子將聲音輸出送至耳罩式耳機,把接收外面的聲音轉成電子訊號以類比式電路放大輸出。家人則是坐在後面,除了陪伴以外,也觀摩老師如何教我們發音的方式,惠美希望除了上課時間之外,日常生活裡也能持續有互動式的交談,聽障孩童是透過不斷地模仿才會記住發音。

1984 年 11 月在惠美語言中心上課的情形,左邊第一排第一個是我戴著耳機。(爸爸攝)

| 視覺至上 —— 用眼睛去學說話 |

> 在還沒有開始戴助聽器前，
> 一直是帶著眼睛去了解這世界。

　　在惠美語言中心上口語訓練之前，媽媽試著找方法教我發音，對著我說話。直到上課後，就將所教的內容及技巧幫助我積極地應用在日常生活裡，引用更多的詞彙，從家人「爸爸」、「媽媽」的單字，以及周遭的物體，如：「電冰箱」、「電燈」、「光」、「門」等等的名稱。聽力正常的人只要聽過一次就會記得，但我得對著物體，重覆朗誦好幾次才能記得住，媽媽花很多時間與耐心陪著我，在書上和生活的事物中學習認識，加強我的記憶。若不積極地

發聲說話與對話，會讓我的聲帶退化及認知能力淡化，如此一來就得要重頭開始學習。爸媽看著我從可以用簡單的句子清楚表達，並且能夠選擇正確的字詞來表達個人的重點，到能夠完整講出一句話，進一步與家人建立對話的關係，讓他們感到十分欣慰。

在惠美語言中心的課堂上，老師是先教我們認識在黑板上寫的注音符號的字形，「看」老師嘴型發出來的字來「讀」取字的意思。常常覺得難以置信，我們是如何從不會說一個字到可以開口並說話到長大呢？我還記得老師上課講話的嘴型是誇張的，那是因為我們要透過嘴形、面部肌肉和舌頭動作去閱讀來了解唇形的張力會牽動五官的那些表情，有滑稽、有趣、扭曲……等。如同默劇，猜想對方是要表達什麼意思。

媽媽一再地告訴我，如果上課時聽不清楚老師說什麼的話要舉手發問，或者別人說話時聽不懂，要直接地告訴對方我聽不見，請對方再說一次。利用預習和複習，以及溝通技巧的訓練，奠定我往後在求學與社交的環境適應力。剛開始從不會說話、不會聽，到現在能聽會說的成果，這些過程點滴在心頭。母親所給予我最珍貴的，就是放手，讓我學會獨立。

「聲音」對小小的我來說是很遙遠的星球，老師試著引導我去依

循著聲波，找尋聲音的存在，並把它放到我前面。噢！原來，聲音是一直存在，是用「眼睛」去觀看並專注它所帶來的振動與張力。

透過眼睛觀看，我學會了「感‧受」。

37 個注音符號「ㄅㄆㄇㄈㄉㄊㄋㄌㄍㄎㄏㄐㄑㄒㄓㄔㄕㄖㄗㄘㄙㄚㄛㄜㄝㄞㄟㄠㄡㄢㄣㄤㄥㄦㄧㄨㄩ」有幾個音對我來說不易發音，且同時要讀唇語，有時候覺得兩個器官沒辦法同時一起用。「ㄐ、ㄑ、ㄒ、ㄓ、ㄔ、ㄕ、ㄗ、ㄘ、ㄙ、ㄩ」這些字音的聲音很細又很小聲，嘴形的樣子幾乎差不多，很難辨別，無法順利讀出它的音，也聽不出來它的音是什麼。時常覺得這遙遠星球的聲音很陌生，不知道要怎麼試著模仿它的聲音。至今，仍是抓不住它的音準，經常被媽媽糾正。如「ㄅ、ㄆ、ㄇ、ㄈ」的音比較大聲，嘴形上的張力也比較大，所以看幾

次就模仿發音幾次，在練習之下就能抓住這個音。爸媽為了讓我順利地發音，窮盡一切辦法使出戲劇化的手勢、誇張的嘴形和借助其它的工具，如「ㄅ」就喝了不少水來練習，在嘴裡念「ㄅ」，氣則會把嘴裡的水噴出來，像是「ㄍ」，媽媽會拉我的手摸她的喉嚨，用手去感受媽媽的喉嚨裡發出的聲音。運用視覺和觸覺的感知去強化我對注音符號的記憶，並不停地講話，講到對的音，家人會突然說「對！就是這樣的發音。」持續地逼練口腔內的舌頭、牙齒且反覆練習達到自動化的記住。在過程中，時間是緩慢的，常常無法順利流暢地讀唇和說話。

> 「說話的聲音」，永遠是陌生。

　　面對我聽不見的困境，是媽媽永遠無法直視的傷痛且極力想要擺脫的事實，卻又是現實生活中無法逃避的。但為了孩子的成長與

教育，不管怎麼樣都得堅強起來，我想這就是所謂的「為母則強」吧！如此才是幫助孩子最好的方式，做為我人生的倚靠。媽媽一生為我戰戰兢兢，如臨深淵和薄冰，擔心我過馬路的安全，聽不見後面車子的行駛聲音，緊緊牽著我的手，深怕小手在手心溜走，把我的性命看得比她還重要，因此媽媽不斷地訓練我的聽覺能力，這需要相當的注意力去傾聽，才能建立對聲音察覺的敏感度與認知，從不知何謂「敲門聲」、「喇叭聲」、「車聲」，一一讓我熟悉各種聲音，直到對各類的聲音有了正確的反應。無法時時刻刻陪在我身旁，也只能從訓練中讓我學習獨立、判斷，希望在有聲世界裡可以注意、提醒自己，避免受傷。

| 惠美 |

　　惠美院長是一位非常美麗的女士，經常在中心裡穿梭並和我們打招呼，她擁有一頭高貴蓬鬆的捲髮、濃眉大眼和長長的睫毛，嘴唇塗著鮮艷的紅色唇膏和紅色的指甲油，一笑起來露出整排白得發亮的牙齒，像明星一樣的閃閃貴氣，每次出現都會想靠近她多一點。除了美麗以外，她的親切擁抱，讓人感受到她把我們視為自己的孩子般，在她眼裡可以看見自己並沒有什麼不一樣，令人印象非常深刻。

在惠美中心裡感到非常自在，每個人都是兄弟姊妹，不分彼此說著一樣的語言，比手畫腳，一起開心大笑，宛如歡樂的大家庭。惠美的老師們更是非常地溫柔，像是鄰家的姊姊親人般似的，以口語訓練來引導孩子們，讓孩子以獨特的發聲來譜出自己聲音的樂譜。老師們一向是站在我們面前，彎著腰讓我們看得到對方嘴型的角度，並耐心地教導與鼓勵我們說話。在一旁陪伴的父母在課堂中看到老師和我們的互動，也學習到了很多的教學技巧和方式，所以不只是在教我們說話的方法，同時也給予父母很大的支持及鼓勵，讓我跟媽媽一同學習。媽媽和一群陪同上課的父母經常交流，分享照顧孩子的經驗與心情，讓懸在半空中的心找到了依靠，懷抱著相信只要反覆地練習然後配合老師的方法，自己的孩子一定也可以像其他的哥哥姊姊一樣聽和說得很好。

媽媽說惠美院長很注重團康活動，認為孩子能藉著團康的互動模式，共學如何表達個人的想法和對周遭一切的認知。學生在團體活動裡，為了要和其他小朋友一樣得到老師的讚美，會要求自己要有好的表現，而從這些不落人後的努力中，逐漸建立起對自己的自信心。因此，中心經常帶我們出遊，去青年公園和大家一起玩耍，在大地遊戲的規則裡學習合作；也去動物園認識不同種類的動物，加強我們對動物的認識以及練習正確地唸出「猴子」、

「大象」、「獅子」、「長頸鹿」等等名稱。最喜歡的是一年一度的聖誕節，惠美老師們在活動幾天前會忙著布置教室、組裝上面垂掛有閃閃發光的小燈的聖誕樹並且編織頭圈讓我們戴上，我們穿著紅色的衣服，在老師帶領下圍著圈圈，跟著她比手勢、看著嘴型的口語，一氣呵成比出動作「兩隻老虎、兩隻老虎、跑得快、跑得快，一隻沒有耳朵……」跳完一首歌，整場十分熱鬧。最後由引起我們發出陣陣歡呼之頭戴紅色帽子、白鬍子、圓圓大肚子的聖誕老公公登場，大家跑去領聖誕禮物，也都玩得很開心，一起沉浸在歡欣同樂的氣氛中，晚會持續兩個小時並在愉快的聖誕歌曲的音樂聲中結束，留下最美好的回憶。

｜搶位子｜

下了課，一往如常沿著鐵軌旁的小徑直抵台北車站，月台上依舊擠滿了跟我們一樣要回家的旅客。當火車頭燈在黑暗的隧道裡投出刺眼的橘黃色強光，月台上的乘客們很快地騷動起來，漫以散狀式的排隊。我記得，我跟他們一樣很焦慮地想要搶到位子，跟媽媽似乎很有默契地使個眼色，小小的軀體立即在人群中穿梭，很快地竄到車廂的門口，等火車一進站停好，奮力在人與人之間的縫隙裡伸出雙手以滑式姿態把軀體擠上去。進了車廂毫不猶豫地占著我

身旁的空位，用趴著的姿態來表達我的想法，宣告大家這裡有人坐。當然也會遇到坐滿的情況，只能站著的話，對那時還小的我是很疲累的，只好索性地坐在走道，可是還是要不時站起來讓路給別人經過，不能好好地安穩坐著、也不能安心睡到目的地，只好練出一身靈活的功夫，非要跟人家搶到位子不可。占到位置後，媽媽在擁擠的車廂中翹首企足地找到我，我便能放心地依靠在媽媽的腿上沉沉睡去，直到竹北火車站。

1-3

第二個耳朵

日本禪師鈴木大拙有一段文字說：「禪……要我們打開佛所說的『第三眼』，去看那由於我們無明的緣故從來未曾聽聞的領域。當無明的雲霧消失時，天堂的光明世界彰顯出來，在那裡我們第一次看見了我們的本性。」[*] 我在想無論是禪宗追求的寧靜或是我們現

---

[*] Daisetz Suzukki, Essays in Zen Bhuddism, First Series (London: Luzac & Company, 1927), p.1.

世生活裡追尋的感官生活，都在迫使我們認識自己的本性。而我生命中的「第二個耳朵」如同開啟我的第三隻眼，帶點機械、科技和時尚感地出現了。

| 遲到的聲音 —— 助聽器 |

　　三歲前的生活一直是住在彩色大泡泡裡，像是還睡在母親懷胎的羊水中，有如被溫暖的海水包圍著與世隔絕。可以說不知道「聲音」是何物？「音樂」又是什麼？自然地接受了處在無聲的世界裡。音樂再怎麼美妙動聽，或是生活裡瑣碎的聲響，有多大的雜吵刺耳，都立即被隔音牆擋回。我佇立在有聲世界裡無動於衷，反倒是對人的臉上表情張微和四周景色的色彩變化，才能讓我感到有趣。媽媽說我小時候喜歡坐在電視前看國劇，戲中人物的臉上塗滿了各種色彩，即俗稱的「大花臉」。演員臉上勾繪的各色圖案，還有臉譜上的色彩與勾勒的線條都深深吸引我，雖然不知道演員在表演什麼故事，依然看得樂此不疲。在四歲時，我第一次戴上助聽器，聽見「聲音」。周遭的噪音從四面八方而來地灌入，為我藍色的小宇宙開啟了音洞。噢！聲音原來是長這樣，是一個看不見的形體，在空氣中張狂漫舞著。

遇到的聲音，在人生的路上，

即使慢走也不能停．

　　從此，助聽器成為我身體器官的一部分，是我的第二個耳朵。
至今，換了四個助聽器，從口袋內的助聽器到耳掛型，現在則是
右耳佩戴數位型，全然依賴它所帶來的聲音，在充滿聲響的世界
裡，給了扎實的落地感。但大腦海馬迴不認識新的聲音，缺乏認知
因而間接影響生命的經驗，只能聽見一整團吵雜的音，無法辨別個
別的聲音，只能不斷練習傾聽，得要一直與人說話，讓大腦慢慢認
識學習新的聲音。

　　起初發現自己認識的聲音很貧瘠，但這世界聲音卻如此吵鬧帶
著活力。除了身體之外的周圍聲響，更為聽見自身喉嚨所發出的聲
音和嘴唇、捲舌、牙齒的組合發出的注音符號，感受到它複雜又獨

特的字聲，這樣的難度讓我不得不提高注意力，仔細傾聽自己說話的聲音。一但一個聲音被辨識，大腦就會記錄下來，放入已辨識區，等下次同樣的聲音再出現時，旋律很快地在音感的經驗裡聽出來，不會被丟在那團雜音裡。除了洗澡和睡覺的時間以外，幾乎都戴著助聽器，讓個人的音域慢慢地擴大，聆聽、用心感受自己發出來的聲音，吃東西、喝水、走路的聲音、和生活上風吹來的聲音、車子引擎發動、開關門的聲音，發現這些在想像中不只是聲音，而是延伸更多不同的音域。

這些聲音，不知不覺，越來越清晰，不斷地重覆直到發現自己能聽懂了一些；然後有一天，發現想聽的都聽懂了，心裡會反覆朗誦著這是水聲、風聲等等。最記得的聲音是在公司刷卡準備要開門進去時，嚇了一跳，怎麼聽起來像嗶——的聲音，聲響在安靜的當下，格外地清楚又簡短，引起了我的注意，因此發揮實驗性的精神，把卡靠近機器，再次地嗶——，再一次靠近嗶——，直到確認，這讓我非常地開心，多認識了新的聲音。以後每次刷卡進門時，總會先確定有刷到才會開門，不然門恐怕會被我給推壞了。噢，真是太神奇了傑克！當聽見了更多前所未有的聲音，覺得好奇妙，慢慢地發現，原來它很廣，涵蓋了全宇宙，沒有人不為聲音而著迷。

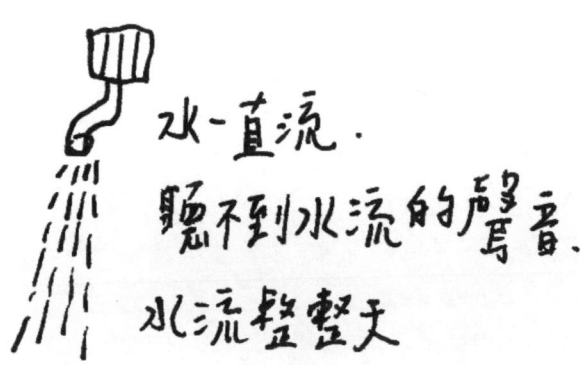

水一直流．
聽不到水流的聲音．
水流整整天

不認識水流的聲音，
始終沒有聽見流水聲。

耳機電池一旦用完時，迅速地把我跟外界的聲音硬生切斷，跌入無聲世界裡，失去平衡；同時也威脅了身心靈，就像走在看不見的鋼索上。聽不見自己咬字的發音，擔心發音不標準，原本可以控制發出字字清楚的聲音，會變成黏在一起，感到舌頭與牙齒在打結，不知道自己在說什麼，更何況是別人。感到自己被抽離，帶來的挫折感令人非常沮喪。更為緊張的是聽不見來自背後的任何聲音，害怕地讓我不時回頭看看確認是否有什麼形體存在。彷彿看不到前面的路，腳踏在地上，卻不踏實的失衡，伴隨而來的沒有安全感，讓我在工作場所、背包裡、家裡各處甚至朋友身上，都存有備用電池的習慣，以免踩空跌入黑暗。

| 不安分的音符 |

妹妹喜歡音樂，媽媽買了鋼琴給她，常常看到妹妹坐在椅子上輕鬆愉快地彈鋼琴，雖然還聽不出來音樂的旋律，但看到妹妹沉醉的表情，讓我知道，原來這是樂曲。

真正對音樂感到好奇，是我十五歲的時候，在表哥的房間看到吉他，好奇地把它放在大腿上，頭歪一邊好讓耳朵貼近吉他，還有模有樣地架起姿勢，左手指按住琴頸，右手在紙板上隨意地撥弄出

幾個音，把我所聽到的聲音，直覺地彈出來。在音樂裡不斷地聆聽與反覆地輕敲，忽然間表哥在房間的門外探頭，看到我抱著吉他，在大家面前稱讚我彈得很好聽，突來的讚美讓我獲得關注，最為開心的是表哥沒有因為我聽不見卻居然能彈出聲調來，表情出現大吃一驚的樣子，在他眼裡看到的是我整個人的存在。此時開始對聲響感到更多的好奇，隨即感覺分秒變化，生命經驗不斷地擷取。

身體上的器官若關閉了某一樣的功能，那麼其它器官就會自動強化各自的功能，補足所缺乏的能力，生命總會找到它自己的方式。隨著引導的階段推進，慢慢解開身心上帶來的枷鎖，累積的經驗將轉變為個人獨特的音感能力。喜歡聽音樂、更喜歡玩樂器，小時候聽力的程度只能聽見比較大的聲音，對打擊樂器的聲音很有興趣，如：鼓聲。隨著長大，所聽見的音樂也越來越細緻，習慣循著聲音的來源去尋找樂器，慢慢地認識了多樣的樂器而對樂器也更加地了解。現在最喜歡的是吉他和鋼琴，節奏音調引起我的共鳴，加強了身體記憶，不用看形體，聽到音樂，就知道是什麼樂器在演奏。自己也喜歡哼哼幾下，經常陶醉於自己製造的音樂裡，別人在唱歌，當下跟著聲調，自然使用筷子配合敲打著，產生一個旋律，朋友說我的音感很好。後來發現身體也可以發出聲音，於是我鼓起腮巴，用手試腮巴敲幾下，是噗～噗噗噗的聲音；也利用喉嚨隨意地發出像是ㄎㄎㄎ的聲音，再用握手

合拍的開關聲音製造一個節奏。音樂從聲波上分析它介於噪聲和頻率不變的純音之間，帶給人的享受和情感，牽動了心裡深處的記憶、意識和情緒，隨著玩樂聲裡，自然地敲出純粹的聲音。

| 聽到色彩在畫布上跳舞 |

　　失去聲音雖然銳利地劃開了我與他人之間的距離，產生了疏離，但經由繪畫創作來聽見自己內在的聲音與對外界聲音流動的想像，對我而言，是一個尋找自我存在的方式。我的繪畫經常以抽象的語言來表達，某部分我認同德國藝術史家沃林格（Wilhelm Worringer）在其著作《抽象與移情》（Abstraktion und Einf hlung）裡提到：「因為人與環境之間存在著衝突，而人們對空間和現象的紊亂懷有恐懼，以此心靈為了能在變化無常的環境中安靜，便藉由在藝術的形式裡找到力量。」在畫面上強調點、線、面，以純粹色塊和構圖的幾何學語言來表現內心的情緒和節奏，似乎是我畫面裡直接要傳達的。隨著年紀漸長，越來越喜歡現在的樣子和生活的一切，繪畫已經成為個人的信仰，創作的理念不再只是形式而是自由的想像。杜邦（Pierre Dupont）說：詩人「把耳朵輪流借給森林和大眾」。謝鴻均老師*在我的作品裡瞥見了音樂，她說：「我把耳朵借給了畫筆。」

---

*　　現職國立清華大學藝術與設計系專任教授，為筆者的恩師。

繪畫如同說話，是我最直接可以表達的感受，透過它體現我內在的聲音，聽見屬於我的聲音視覺。使用對比強烈的色塊在畫布上恣意拼湊，形成一幅幅具有詩意與節奏感的圖像，是近年來創作關懷的方向。畫中常出現大量的留白，也常有不經意的點、線與幾何形狀，都是來自於生活中各種物件的簡化形狀。廣闊的留白讓這些物件分別只占據著畫布中的小角落，像是宇宙中的星體一般，隨著視覺的遊走移動，物件與物件相互形成關聯性，呈現音樂。我非常需要節奏感在畫面裡展現，這也是我生命中和萬物的律動關係。

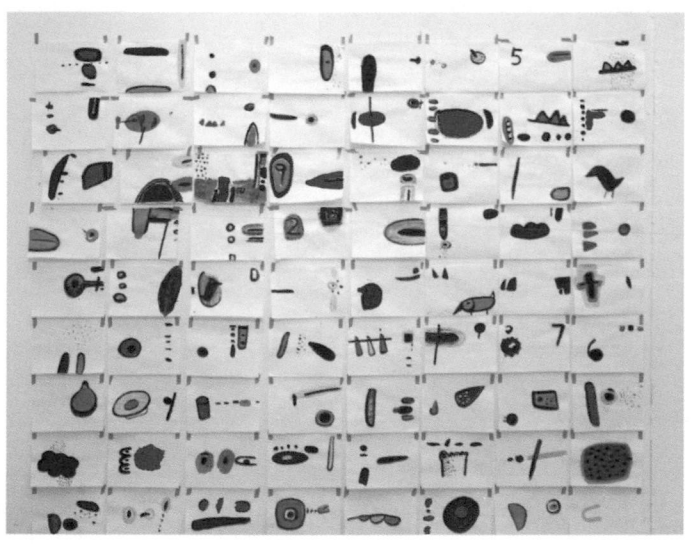

林瑋萱，《在我安靜畫畫的時後》，72 張圖拼成 200×200cm，紙、水彩，2006

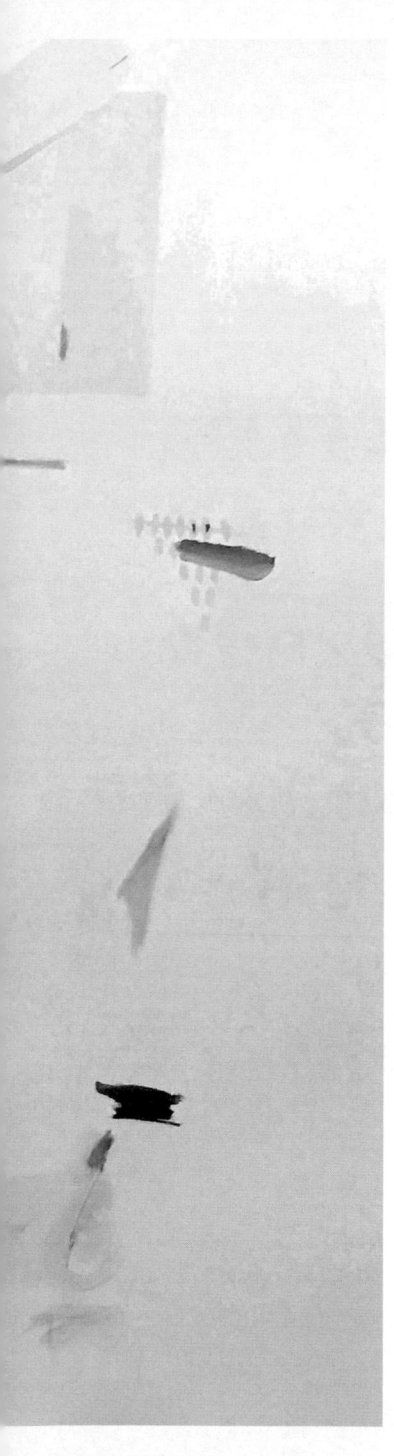

林瑋萱，《日常的失焦》，110×110×3cm，油畫，2017

聽見你在呼喚 · 我

過去戴助聽器是為了安全，現在是貪戀；
為了想聽見更多聲音，包括愛人的聲音。

「我在書房裡，聽見你在浴室傳來的哼歌，
　似乎隱約聽見我的名字，
馬上起身，輕輕的開門，想起你一再交代開門
　　要輕輕的，不要馬上一扭，會嚇到你。

　問說：
「你在叫我嗎？聽見你在哼歌，
　　好像很開心。」

1-4

說不出來的話

一個沒辦法抓住說話的字句和聲音的人
那個世界是什麼樣.

說不出來的話，只能依照寫好的台詞來應付整個世界，甚至得事先背下來應答的話語，才能支撐我的生活。每次去麥當勞買套餐，等講好 1 號套餐後，心裡自動開始預測服務生接下來會問我說，你要加套餐薯條飲料嗎？是的，我要加套餐。要喝什麼飲料？可樂。你要外帶還是內用？我要內用。總共一百九十九元，請在旁邊等領餐。謝謝光臨。去全聯超市結帳，服務生問我說，你有會員卡嗎？有，拿出來。要統編嗎？不用。要袋子嗎？不用。

看著人的嘴唇‧咬字‧一字一字透過你的
想像、依你的經驗而判斷他要說的是
什麼，你總是預備想像他下一步要講什
麼自己能夠反應的接下來說的話

「說話」是人們交流思想、感情最直接的方式。我一直希望與人們建立這份情感的連接，但隨著在學校和同學的互動及工作同事之間的溝通也會有聽錯、誤會的地方，所遇到尷尬與難堪的情節不斷地上演「怎麼又來了……」，挫折的經驗也隨之越來越深，自我排擠的感覺也就更為沉重；多人的聚會裡，總是讓我的聲音很快地被話語淹沒，別人也只能假裝我有聽到，自己也跟著假裝配合著乾笑，再也沒有比不能說自己的話更沮喪的事了，漸漸地失去了存在感。之後，順勢把自己推入另一個平行時空裡，有如上演一齣無聲黑白的默片，笑點只有自己懂，內心狂吼卻沒有人聽見，慢慢地也不再參與多人的聚會。

　彼此明明是那麼熟悉的人，為什麼總是被不同「說話」的形式拉開我們之間的距離呢？

想像、編句、造字、有時候是錯誤.
　o o o o　　 o o o o　　 o o o o

了解 or 不了解、聽懂 或聽不懂.

會產生一個距離. 你 他人之外

距離是孤獨的.

你看你聽 我的聲音是什麼.

10/28/2010。你們的笑聲讓我覺得是一個遙遠的距離。
10/28/2010/3:26PM 界介如此清楚
　　　3:27PM你們是那邊人 我是外團人
　　　3:29PM 放下. 既然來不清楚那麼就放棄.
10/29/2010 沒有聲音讓人很安心的感覺

你們的笑聲越來越大，我越想逃離
讓我到黑暗裡。

| 無聲勝有聲 |

　　曾經因為被排擠，把自己關在藍色小宇宙裡，直到在藝術創作中，看見了一絲的光芒。為了擺脫孤單的困境，開始專注繪畫，在畫布裡尋找個人的存在，進而在繪畫裡修行。我不認為無聲的世界是一片黑暗，聽不見是要讓我更專注在自己的世界。耳的閉口是心的開口，身體會依循著自己的形狀找到平衡。我感到和自己很親密地相處，從內心的感動到外在行為的改變，是一種內在轉化與提昇的歷程。此時才發現所謂的黑暗原來不只是黑色，而是充滿彩色，在閃爍著。

　　當學習轉向和自己相處時，面對一個人的孤獨，那份孤單的感覺也隨之消失，甚至越來越感到自在，找到心歸之處，在個人與生活上找到平衡的哲學。現在也願意參與更多人的聚會，在聚會裡從容地做自己，不再一直捕捉人們的嘴唇，在當下好好地享受美食，珍惜與人相處的時光。內心趨漸平和的狀態，直接影響到外在顯露的狀態，連周圍的朋友們也感覺到我的開放。

　　學會了面對孤獨，知道如何運用助聽器，擁有了想要的靜謐。第二隻耳朵可以隨時關上，隨時打開。多了可以選擇想聽或不想聽，當心情不好時，所聽見的聲音都變成了噪音，只要關上助聽器電源，耳朵和心靈，就能瞬間進入異常安靜的場域裡，所

有的聲音在世界裡被抽掉，連轟隆隆的閃電也被擋回。於是，聲音之於我，變成一個選項，不再是阻礙。穿越孤獨，黑暗不再只是空無，而是真正開展內心的遊歷，找到與人、環境、宇宙萬物共存共榮的自在關係。

林瑋萱，《無題》，64×53cm，油畫，2015

聲音 越 超越我所想像的.
也超越黑暗中的寂靜.
關上助聽器, 周圍的聲音. 細微, 小肖然
進去黑存裡, 你就像〈白天裡的黑夜摸索
尋找聲音的來源.   在
有時候覺得它是一個平價.

chapter
2

我把耳朵借給了畫筆

2-1

聽藍色在說話

大學時期的素描課被當，被留下來重考，在教室和幾個同學重新開始畫石雕像，讓我對藝術感到很挫折。

在大學四年裡，老師只會跟我說：「你只要按照步驟地來畫，光線的明與暗，線條的粗和細，都要注意」而沒有告訴我它真正的意義，其他都省略未說。所以再怎麼努力地學畫，只得到更多的挫折和沮喪，簡直想放棄繪畫這件事了。直到大四時畫了《心情狂想

曲》紙上作品，忐忑不安地給老師看並站在老師旁邊觀察他看畫的表情，老師跟我說：「繼續畫下去吧！」想來是一句很簡單的話，但從那時候開始竟莫名地重燃了繪畫魂。到了快畢業時，我鼓起勇氣拿作品去參加台灣藝術大學美術學系所舉辦的師生美展比賽，沒有想到作品在水彩類得了第一名！從來沒有想過自己會得獎，這獎牌，彷彿讓我摘下藝術星星的光環，在作品裡看到自我的存在和一點點的得意。

「繪畫」對於我來說，雖不等同於「會話」，但卻是我和整個世界溝通唯一沒有障礙的方式。

不習慣大學教課的方式和環境，使得對整個系上更沒有好感，再加上一直不想麻煩人家的心態，盡量讓自己看起來更獨立、不需要同學幫忙，因而和同學們一直有距離，長久以來相當地陌生。班上迎新活動也都沒參加，連畢業旅行都興趣缺缺，走在校園裡認不出所有的同學，和同學相處的記憶少得單薄。聾人文化此時剛好與我的生活銜接，進入新的小宇宙，這些內在的層次帶來自我認同、新的手語語言、對話頻率相同等等，在聽人世界裡未曾有過的感覺，和聾人世界裡相較起來，有相當強烈的感受，讓我很清楚地知道要的是什麼。需要一個是被認同、歸屬感的同儕生活，即使在創作上遇到了挫折，仍有友情的陪伴與打氣。

林瑋萱，《心情狂想曲》，21×29.7cm，壓克力、簽字筆，2003

《心情狂想曲》創作理念

　　自我混沌來自孤獨，身體結構的創傷間接地影響個人的成長，經驗造成個體與現實生活的差距或是不平衡，孤獨隨之而來。沒有雙向、只有單向的溝通。自我呢喃的關係開始建立，介於模糊與清晰之間。說不出來，只有畫，是我唯一可以發洩的出口。藉由繪畫創作的勞動來紓解內在的情感，色彩帶來情緒治療，進而從繪畫中找到一個專屬傾聽自己的出口，包容我大量的傾訴。它們的排列、重疊、交融在紙上，遍布著灰色調的氛圍。暗淡的色彩給畫面抹上一層神祕性、無聲的神祕感，體現了人的情感行為。透過繪畫將分裂的自己重新拼湊的可能，不斷體現個人生命本質的意義，在色彩與線條之間來回的感受。

畢業後，有一段時間留在台北工作，週末偶而會畫畫，想把在學校未竟的創作帶到生活裡，重新把畫畫這件事撿起來。一邊工作一邊創作，這樣持續了一年。此時，最重要的朋友——小玉，出現在我的生命裡。小玉在台藝大念研究所，創作與生態環境相關的裝置藝術，她和我分享她的作品，能感受到她對藝術直率的關懷與浪漫。讓我發現，噢！原來藝術是有趣的。覺得能繼續創作是一件很幸福的事，想到自己在大學時期很荒廢，覺得很可惜，這些想法引發了我想繼續讀書和創作的動機。後來，我把工作辭掉，2004年考上了台南藝術大學造形藝術研究所，我離夢想更近了！

菱角田．檳榔樹．
田野的圍繞
金黃有鳳凰的校門，
還有一個烏山頭．
全新的樣貌在等著我探險。

南藝視覺學院的五樓，有一整層的工作室結合宿舍是提供給學生的空間，很寬敞。生活和創作沒有分野，但有時站在偌大的空間中會莫名焦慮，似乎在監督著並提醒自己要來點什麼創作，要趕緊將作品填滿空間好刷存在感。南藝的環境給人感覺像是在遠離便利的城市和喧囂人群後遁入山林裡修行般，以緩慢的時光，慢慢地沉澱，醞釀創作的靈感，於是作品就於此種環境氛圍中在工作室裡一點一滴地累積完成。

　　清雯是我研究所的學伴，在作品口考複試的時候，我們被安排在同一個展場裡布置自己的作品，很自然地聊一些天，對她不費力地聽懂我說的話，留下了深刻的印象。直到新生入學報到，原本在陌生環境中總會緊張的我看見她也在這裡，像是看到老朋友一樣的熟悉，親切的感覺，帶來微微的安心感。上課時，貼心的她總是坐在我旁邊，不厭其煩地主動寫筆記給我看老師說的話，直到畢業課程結束後，我的翻譯筆記已經是厚厚的一疊了，內容記載著不只是紀錄的重點，還承載了她的支持，陪伴我度過上課的困難時期。

　　如果說繪畫的三個關鍵是心、手、眼的極致搭配，那麼對一個聽不到的人來說，視覺更是一切生活關鍵中的關鍵。

　　研究所的生活是一個很大的轉變，帶來嶄新的開始，像是一張

剛打好底的白畫布，只差動筆。我願意去改變，面對事情似乎不再害怕了，這一次要畫出自己的作品。教室是以大桌子為圓心，我們圍繞中心而坐，老師在 12 點鐘的方向，所以我能清楚看到老師和對面同學的嘴唇和表情。一邊細嚼老師的嘴型，一邊秒看學伴寫的筆記，一整天看下來，頭昏眼花的。很多藝術上的專有名詞一下子漫天飄來，措手不及。沒辦法抓到老師說的重點，只能依著筆記上的內容，慢慢地摸索陌生的字詞，並在其中去了解它的意思。覺得自己在藝術理論的部分不足，就跑去圖書館借了藝術相關的書來閱讀和思考，讓自己慢慢地跟上。在這裡我學習到如何獨立思考，和之前在大學的學習完全不同，比起來更為積極。南藝時期對我來說是重新整理創作與風格的自我確認以及建立自我對話的開始。

　　阿北老師（陳建北老師）是我的指導教授，也是最親近的老師，每次見面總會先來個擁抱，是我們之間打招呼的方式，這對我已足夠帶來彼此的問候與關心。老師總是優雅地吐出字句，讓我順利看懂他的嘴型，加上隨時可以應變並歸零的老師，與我開啟新的對話模式，維持師生之間自然的相處。不論上老師的課、或者在便利商店，也都能瞧見阿北老師和學生邊吃邊聊天的互動情景。記得一年級下學期，曾經沮喪地找阿北老師提出想休學的想法，也是受到他的鼓勵與打氣，我才能繼續面對課堂上許多的對話和作品的辯論，感覺自己不斷地被推著走，一次又一次地參與討論，表達自己

的想法。每次講完後就會想一下自己的說法是否完整，期許自己下次有更好的表現。

每學期的成果展，除了所上教師外，更邀請校外藝評家、藝術家等前來共同參與作品評圖，這也是我們最緊張的時刻，因為我們要在評圖者前解釋自己的創作理念，除此之外要面對評圖者提出的各種提問、批評和指正等。第一次參加作品評圖，被老師們臉部專注而突出的表情吸引，在他們身上看到對藝術投入的態度和熱情，尤其是薛保瑕教授。評圖時間從早上開始直到半夜結束，老師們和同學們很關注作品的脈絡及意義，不斷地討論，在一來一往緊張又刺激的答辯中，不只學習完整表達自己的想法，更多的是訓練每個人成為一名具有獨立思考能力的創作者。

每次經過造形所教室外面看到一群學長學姊們圍繞著薛老師，抽菸聊聊藝術，氛圍瀰漫，吸引著我好奇探頭，希望自己也在其中，這樣不會有一種自己被排擠在外的感覺。薛老師在教學上是非常認真的人，而且她很喜歡喝可樂，紅瓶身的可樂，充滿了活力的氣泡，很有薛老師的風格，直率、熱情，課堂因此場場都爆滿。二年級時選修薛老師所開設的個別指導課程，與老師約好時間到我的工作室看作品，一對一的討論，在對話過程中，薛老師不厭其煩地在紙上寫下許多文字與我討論，重覆的敘述以點出個人創作的盲

點，並準確地指出方向，上完課總是受益良多。老師儘管在教課及公務上很繁忙，仍不斷地挑戰自己的體能，持續地創作，畫布甚至超過百號以上，她說：「只有忘乎極限時，才能超越經驗，畫出預期之外，這樣的挑戰才是最高的！」是個充滿活力與熱情的藝術家。薛老師以繪畫藝術的表現力與直接帥氣的形象深植我心，只要聽說薛老師將要辦新的展覽，就會期待參與老師分享演說創作的過程，真是令人激勵的開展。薛老師的抽象作品帶來許多的可能性，一次又一次不斷地激發藝術創作者，「創作」成為一個與自我對話以及來回辯證的方式。

那時，我選修了一堂蕭勤老師的藝術與關懷課程。我們在視聽教室裡等老師，看到蕭勤老師穿著紅白條紋的短襯衫和白色西裝褲，戴著草帽走進教室裡，開朗的笑容並熱情地和我們打招呼，當下覺得老師超可愛的，印象鮮明。老師請我們簡單地自我介紹，擔心老師聽不懂，很緊張地一字一字加重音吐出來，看著老師點點頭，彷彿在告訴我，我聽得懂你說的，說完後，覺得有信心了，比較敢開口說話了！之後的課堂，蕭勤老師總是會問我們每一個人：「有沒有想說的話呢？」並不會因為我聽不見而跳過去問下一位同學，老師誠懇地邀請我，期待著我能夠分享。聽不見並不帶來聲音的障礙，我所面對的障礙是無法順利面對聽人，說不出來真正想說的話。在蕭勤老師熱情的鼓勵下，讓我勇於做自己，說出自己

的話。一開口後發現其實沒有什麼困難，不要在意別人的眼光，這世界原本就不同，不需要做他人想要的樣子。

《藍色在說話》是有天從新竹搭車回到台南宿舍，搭車的疲勞加上在偌大房間裡感到過分的安靜，濃烈的寂寞感臨襲而來，開始焦慮不安地在房間裡走動，很想要把內心苦悶的情感釋放出來，於是把畫紙捲軸展開來占滿地上的空間，赤著腳在紙上奔走，左手拿著顏料、右手持著畫筆，以彎腰的姿態及俯看的角度來進行大動作繪畫，情緒引領著身體行走如同舞蹈般，不停歇地把紙上畫滿，藍色塊包圍住扭曲的黑線條，彷彿在寫日記般，用力地傾斜將自身的苦悶畫在紙上。感覺到不安的情緒與苦悶隨著一次一次的動作被釋放出來直至消逝，才肯作罷。在孤獨狀況下創作的方向越加清晰，而情感的累積也隨之到達一個壓力點。

這件作品便是在這樣的心情與想法下誕生，做自己，無所畏懼。不要擔心別人聽不見你的聲音，勇敢傾聽自己的聲音並跟著走才是最重要的。

細細描繪自己的情感與生命歷程，將一切的聽不見交織進去，畫滿那不完美的人生，也是一種領悟。

林瑋萱，《藍色在說話》，280×200cm，捲紙、壓克力，2015

一個沒辦法抓住聲音的人
那個世界是什麼樣的

接收訊息時間的落差
形成了一道薄膜牆
隔離了我和你們
找不到歸屬感

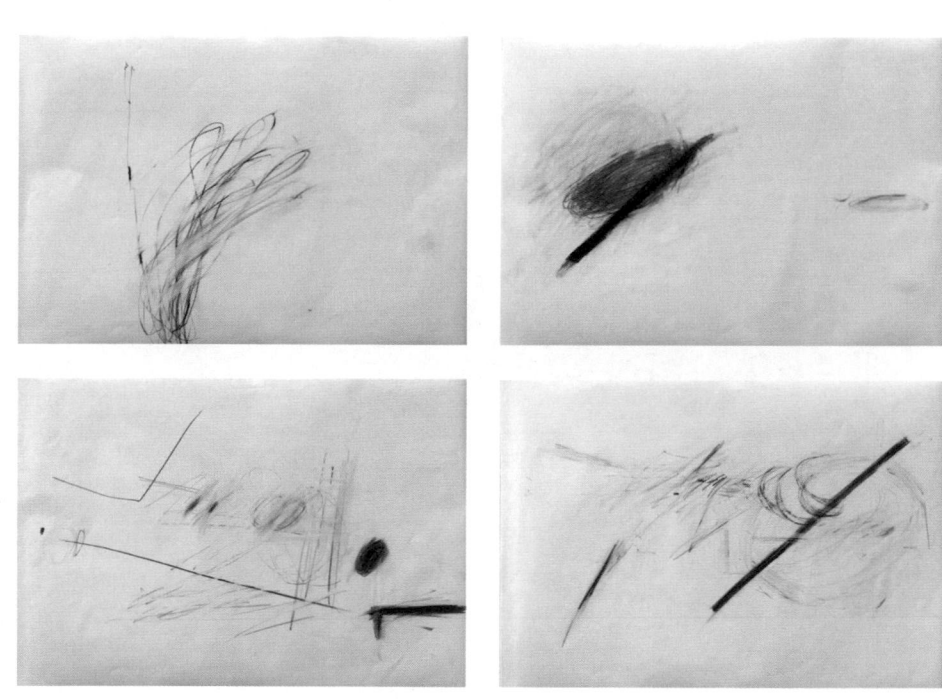

林瑋萱，《尋找》，一系列四張，42×29.7cm，紙、鉛筆，2017

2-2

佛蒙特的綠山

2004 年的冬天，小玉前往美國佛蒙特藝術村（Vermont Studio Center）展開為期一個月的駐村。佛蒙特藝術村是美國當時最大的國際藝術村，在紐約的上方靠近加拿大，被綠山山脈環繞著，在鄉間田園裡提供藝術家與作家創作的靈感場所。

我和小玉用 email 聯絡，那時候藝術村的 Mac 電腦沒有中文字體，收到她的 email，很吃力地閱讀，一邊看著照片、一邊查著英

文單字來拼湊完整的中文翻譯，但英文信讓我沒辦法完全感受到她駐村生活的樂趣。小玉為了讓我收信順利，想到了方法：將文字轉為圖片，先寫中文信再拍照寄 email 給我。當我收信看到熱情滿滿的文字加上手繪圖，非常感動，很想念小玉。她和我分享在大雪紛飛季節裡的生活新鮮事、工作室牆上的塗鴉和戶外鳥巢裝置作品的照片，看著她的作品從一開始慢慢地發展到完整豐富的樣貌，神奇般的精彩！那時每天都很期待小玉寄來的 email 和明信片，看她寫故事，我也畫了好多圖寄給她，這是我們最重要的書信，至今都還保留著。後來，小玉給我佛蒙特的申請書，叫我去申請看看，我跟小玉說一個人去會害怕，希望她也能和我一起。之後，我們收到藝術村寄來通知，信上寫「我們被選上了」，腦筋一片空白，我幾乎忘記申請駐村的這件事了。那時候覺得對方應該會因為自己聽障的緣故，而不會想邀請我吧！怎麼做夢也沒有想到，竟獲得有全額駐村補助金和展覽的首獎，非常開心！這給了我強力的支持與肯定，讓我相信自己正踏實地走在創作的這條路上。

| 小飛俠 |

我們在 2006 年 7 月前往佛蒙特藝術村駐村，展開為期兩個月的旅程。有了小玉的陪伴，變得更勇敢，讓我獲得滿滿的支持和安

全感去實踐自己的夢想，好奇心的翅膀被打開，前往新的未知。我們先在波士頓轉機，在機坪上看到好可愛的迷你飛機，覺得很有趣。在狹窄的走道裡，縮著軀體坐著窄窄的椅子，慢慢聽見，在跑道上加速駛離摩擦的聲音，越來越巨大。轟隆轟隆地伴隨著晃動，心跳隨著機翼升起加快，離地面越來越高，身體跟著機身的傾斜移動著。在轉彎時帶來的弧度，可以透過窗戶俯瞰著高空下的佛蒙特，彷彿，自己像是小飛俠在森林上方低空飛行，光夏的綠色森林綿延不斷，讓視野更為真實清晰，像是一場夢。歷經了一個多小時的航程，終於來到伯靈頓國際機場（BTV），我的旅行就要展開了。

在藝術村的工作人員帶領我們認識周遭環境後，來到我住宿的房子。「Roger J. Kowalsky House」是一棟奶油色二層樓式的木屋，像在電影上看到的樣子，很可愛，和水泥建築的溫度感覺很不同，右邊有一棵巨大的老樹，緊鄰的是我的工作室。房子裡一樓是客廳和書房，擺放著沙發，一、二樓各有三間房間，而我們的房間則在二樓，走上木樓梯，非常清楚聽見木頭發出吱吱嘎嘎的聲音，似乎在告訴我它的歷史，每踏上一步都深怕太用力而會就此掉入時間的夾縫裡。打開了房間的門，是一間十坪大的雙人房，有矮衣櫃、兩張單人床，還有書桌、木椅、木地板，整個田園鄉村風，有度假的悠閒感，倒像是去旅遊而不是創作。看了一下手錶，時間上顯示晚上7:00，但這裏的天空居然像白天一樣的光亮，有點不可思議，日光時間與當地季節的拉長，讓我真實感受到我踏在美國的土地上。

待在外面看著天空景色，直到晚上八點後才慢慢地披上漸層藍相間的橘色，是我很喜歡的顏色，傳說的超級大月亮也出現在我的眼前，有如台灣的四個月亮組合在一起，那樣地大，那樣地夢幻。

小飛機（攝影／林瑋萱）

房間一隅（攝影／林瑋萱）

| 摯友如家人 |

我一直覺得自己的靈魂裡好像少了對生命的熱情，人生很無聊，直到小玉走進我的生活裡。人家說遇到這樣的人是你的福氣 ，千里馬遇到伯樂，才能跑得更遠。我的聲音，心裡說不出的話，她似乎聽得見，知道她在，全世界都不怕。她不管在什麼樣

的情況下，做事情前，會先讓我瞭解，不會因為覺得這跟我沒關係，就認為不用和我討論，讓我有被尊重和參與感。小玉是我生活上的玩伴還兼具翻譯、老師等多樣的身分，她像是一面鏡子時時反映出自己，自己想要成為什麼樣的人，就朝著那個方向奔跑。隨即我的耳朵和靈魂被打開，看到自己的存在與價值，對我來說是很重要的生命轉折。

我們第一次一起到美國旅行駐村，幾乎都黏在一起，一起創作、吃飯、探險。小玉的英文很好，很快便與外國人聊開，帶著我一起參與營火 party、喝酒。她像是我的耳朵，讓我的生活變得有趣，也滿足我的好奇。但有幾次小玉和對方聊天到忘我，沒有對我即時翻譯，被忽略在一旁覺得不好受，只能傻傻地看著他們，我忍不住把不滿的情緒丟到她身上，和她吵架起來。我很討厭自己這樣依賴他人，看到她的難過，突然覺得自己很幼稚，感到愧疚。我心裡一直清楚知道，照顧我從來不是她的責任。對小玉來說，要一邊和外國人聊天並且一邊翻譯，應該是一件很累人的差事，我怎麼能夠要求她要當我的傳話筒呢？

後來，從其他的駐村藝術家那裡聽到一段很牽動我的故事。有一位新加坡來的女生是做版畫的盲人藝術家，她有一位助理，在白天的時候，助理聽她的指令按照步驟做版畫作品以及照顧她的

日常生活，等到晚上九點後，就是助理自由的時間，參加大伙的聚會，一起跳舞、喝酒。我想我那時候沒能對小玉說的話是：「妳在駐村時應該好好地放鬆，像度假一樣，不要一直當我的耳朵，希望妳盡情地和他們聊天。」我不想要小玉跟助理一樣，所以提醒自己，有些事情必須要自己獨立起來、學著面對。我試著主動和其他藝術家打招呼，自己去買東西、散步、去餐廳吃飯等等，原先我沒有很喜歡上餐廳，怕遇到相識的人，感覺得要找話題和他們聊天，想避開。其實，大可不必這般，好好地吃飯享受美食就好。

　　一次又一次的練習，我告訴自己，讓自己放鬆。有時獨自騎著腳踏車把自己拋遠一點，讓自己漸入佳境進入生活裡。等到工作室開放日，有了讓大家看到我的作品、看見我的情感和想法的機會，藉由作品的交流，把我和其他人的距離拉近了些。當然，其他藝術家們也會問小玉關於我的創作，而她總是鼓勵他們直接和我筆談，讓彼此有較深的認識與了解，我的英文也隨之進步。後來我發現，即使什麼都不做，還是會有一些人想靠近你，因為你具有自己的魅力。在這裡讓我感受到，藝術，是全世界共通的語言！（之前去美術社買東西，覺得美術社老闆很嚴肅，東西也很貴，也許工作室開放的緣故，老闆對我態度也變得比較好，也會偷偷算我便宜點！後來要離開藝術村時，我跑去送給他們一幅畫，他們也回送了我素描本，覺得好感動！）

| 紅屋甜點 Red Mill |

　　紅色建築物結合藝術村的行政中心和餐廳，是地標物、也是中心點。工作室、雕塑場所、版畫空間、作家的書房則分布在四周，座落在吉罕河（Gihon River）岸邊，相鄰皆步行可達。通常藝術家們於白天的時候躲在工作室創作，在吃飯的時候才會看到大家聚集在一起。大約有 80 位藝術家，大部分來自美國各州，也有少數亞洲籍的藝術家們。最吸引我的是外國人的眼珠，有黃色、綠色、藍色、棕色，既美麗又像玻璃彈珠。還有金色的頭髮，站在陽光下閃閃發亮地有如天使般，忍不住想認識他們。坐在餐桌上看大家說著不同語言，交談聊天，雖然不明白，但他們的表情很有趣，加上誇張的手勢，每個人像是演員，展現自己的魅力。一邊吃著食物、一邊看著他們，加上有小玉的翻譯，不會覺得無聊。紅屋餐廳提供三餐，食物很多樣，有沙拉吧、主餐、無限供應的可樂和咖啡，還有我最愛的甜點！如果一頓飯沒有用甜點來做為完美的結束，就不是完整的一餐了。有滿滿的藍莓蛋糕、蘋果派、慕斯、巧克力餅乾等等……。讓人感覺到幸福，食物是餐桌上最好的友誼交流，能感受到彼此的喜悅與分享。

Red Mill, VSC（攝影／林瑋萱）

｜為鳥兒造一個房子｜

　　在佛蒙特，家家戶戶院子的樹幹上幾乎掛著各式各樣的懸掛物，遠遠地看起來像是一種裝飾門面，好奇地上前看看，噢！是鳥屋。裡面有葵花子、小米、穀粒等，供給戶外來來去去的鳥兒們。不禁想，真的會有鳥兒飛到屋上覓食嗎？索性回去搬了椅子在樹下等待，不久看到陸續飛到屋上棲息啄食的鳥兒們。野生鳥兒種類繁

多，十分熱鬧。這裡的人們對鳥兒非常友善，為鳥造家，不以關籠的方式來觀賞鳥類以期能欣賞更多的鳥兒互動和啄食的模樣。忽然蹦出一個想法，何不自己作鳥屋呢？於是我們很快地找了寶特瓶和樹枝來組裝，並尋找喜歡的樹上掛著。回台灣之前也在當地買了鳥屋，帶回家裡的陽台上掛著，看到它就想起佛蒙特的生活。

麻雀來取食
DIY 鳥屋共同創作者黃馨鈺，
寶特瓶、樹枝、鐵絲、鳥飼料，2006
（攝影／林瑋萱）

林瑋萱，烏鴉＆鳥屋，60×60cm，回收紙盒、蠟筆，2006

雞鴨一家

和公雞一樣大的烏鴉

有黑色大衣

詭異的叫聲

像巫婆一樣的神祕

望著聲音，尋找牠的蹤影

在電線杆上

有時在地上

大搖大擺地走

｜圓弧線｜

　　駐村期間，有一位藝術家大叔吸引我的目光。之前經常看到他穿著運動鞋又背著包包出門，但不知道他去那裡。直到有一天，他問我們要不要和他一起去「健行」呢？才知道原來他跑去山上旅行，帶著收音機，以口錄方式描述景點來做作品。那天，我們跟著大叔出發，不知不覺地已經越過了市區，中途經過伐木工廠，再偏遠一點就只剩下小徑，但平緩好走的小徑，讓我們幾乎像隨意走走看看那樣輕鬆地在郊遊。接著，經過非常高的一大片玉米田，高到讓我看不到前面的景象，沿著玉米田前進，廣闊的草原逐漸慢慢地展開，無邊際的圓弧線形狀，顛覆了視覺的水平線景象，是一百八十度的半圓角形狀。我覺得自己好像站在地球的弧線面上，感覺到地球是圓的，讓我瞬間地明白了什麼叫做地心引力，因著重量讓我們在地球上可以走路、奔跑、游泳、登山等等，難以言喻的神奇與感動！站在弧線上，它賦予的不只是呼吸，而是整個人生命的力量，我在這裡聽見了遠方的鼓聲。

｜綠山的河流｜

「一個湖是風景中最美、最有表情的姿容。它是大地的眼睛；望著它的人可以測出他自己的天性的深淺。湖所產生的湖邊的樹木是睫毛一樣的鑲邊，而四周森林蓊鬱的群山和山崖是它的濃密突出的眉毛。」[*]佛蒙特附近的風景依山傍湖，而我們居住房子的後面是一大片草原，樹林圈著平緩的小丘陵，襯著綠意的草皮，像是後花園。我們經常到樹林裡散步，發現樹叢裡的草地上像是有人走踏過的痕跡，引領著我們穿越濃密的樹葉；豁然開朗地出現在我們眼前的是一條平緩的河流，鴨子正在划水，狗兒在河裡泡水消暑。坐在大石頭上，看著波光粼粼的湖，聽著水流的聲音，讓人不禁發呆起來，想像自己是金龜子，徜徉在大自然裡。我們借來腳踏車去探險沒有去過的地方，舉凡山的形狀、樹葉的造型、河流的結構、顏色的變化皆形成獨特的風景，非常原始，美麗得令人無法呼吸。這是魅力，我希望這片大地能繼續維持原貌下去。唯有親身經歷探險過，才能感受到這股別於想像的臨在。

---

[*] 梭羅（Henry David Thoreau）著，徐遲譯，《湖邊散記: 樹林中的生活》，遠足文化，2012，p.277。

房子的後花園（攝影／林瑋萱）

河流（攝影／林瑋萱）

| 小王子的工作室 |

　　「Wolf Kahn Studio」是我在這裡待最久的地方，也是一處跟自我對話的私密空間。這裡有小沙發、洗刷畫筆的水台和很多間不同創作類型的駐地工作室。工作室很大，連接其他的地方，我經常在這空間裡上下穿梭，場域裡留有歷屆藝術家們創作的痕跡和塗鴉，像是探險地尋寶一樣，總是發現許多的驚奇。作品本身直接表達藝術家的理念，但我喜歡以「窺看」的方式去欣賞工作室的狀態，只有在這狀況下隨興地作品擺放以及創作材料等一些小東西才能更直接表達藝術家的想法和風格，透露獨一無二的私人空間。藝術中心有個固定活動是工作室每個月需開放一次，也是大家最放鬆的時刻，每個人幾乎都會一手拿著酒瓶吆喝朋友一起去參觀他們的工作室，熱鬧地幾乎把藝術村的每個空間逛翻，作品比台灣的藝術博覽會更精彩。看到不同的材料，如：紙板、木頭、回收物，經由藝術家之手賦予它的再生，覺得很有意思，引起我想畫一些有生命律動感的作品。即使不知道怎麼畫，繼續畫下去就對了。之後我的創作除了繪畫之外，也開始收集回收材料，試著以繪畫和拼湊剪貼進行創作，在玩興之下展開天馬行空的想像，召喚我的小王子；所有藝術理念被拋到腦外，不擔心作品做得好不好，在這裡感到自由。

工作室外觀（攝影／林瑋萱）

我的工作室（攝影／林瑋萱）

藝術中心還會邀請知名藝術家來此演講並分享創作，我們也可以跟藝術家預約時間並到工作室看作品，我記得在七月分跟阿伯藝術家預約了時間（忘記了他的名字，但我記得他畫車子的作品）。第一次和國外藝術家面對面，我先準備好自我介紹的資料給阿伯看，用手寫作為溝通的方式，他伸出大拇指比讚並對我說：OK！發現沒有我想像中的嚴肅，友善的手勢讓我感到溫暖。阿伯似乎為了想讓我感受到他的喜歡，熱情地用肢體來表達他的讚美，我驚喜地擁抱他，回應我的感謝。一起駐村的藝術家 Gaetano LaRoch 也找阿伯藝術家談作品，而阿伯看到我，就把我叫過去介紹給他認識，並且很激動地比手勢說：「我的作品很棒！」叫他可以看看我的作品，當下覺得自己能夠被推薦的感覺真好啊！在這段期間個人的作品備受肯定，感覺到信心漸漸地強壯起來，不再懷疑自己是否擁有創作的天分。

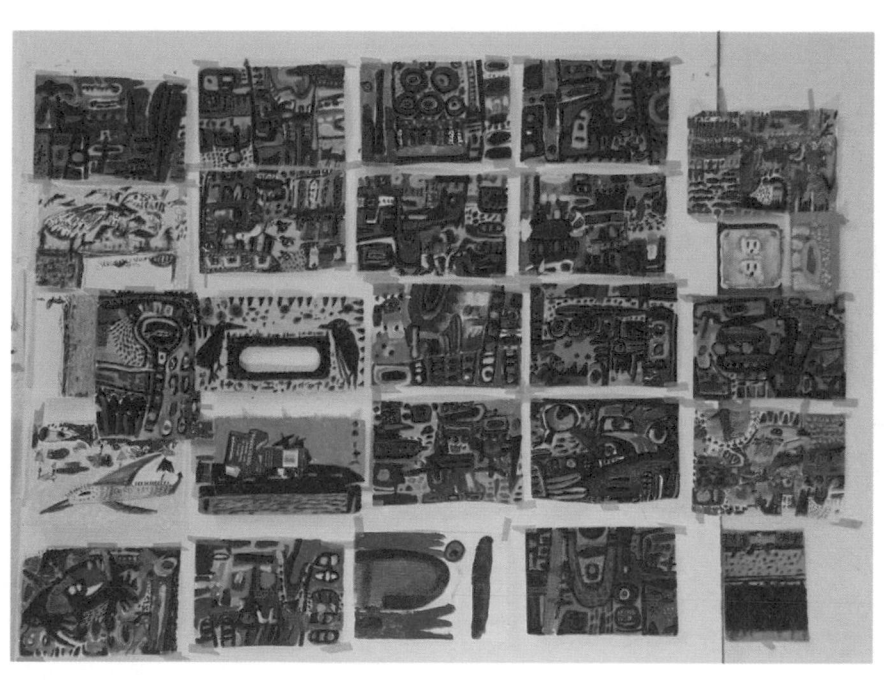

林瑋萱，《動物的高速公路》，2006，紙、水彩、壓克力，佛蒙特工作室

林瑋萱，《動物的高速公路局部》，21×29.7cm，紙、水彩，2006

| 展覽──Life in VT |

兩個月的駐村生活結束前，我們一起辦了聯展，做為駐村旅途的成果。我主要是繪畫和裝置藝術的作品，小玉則是編織和立體裝置，以不同形式呈現我們在地旅行、生活、見習的感受。佛蒙特的綠山、草原、湖泊、河流和野生動物們所帶來神祕的低語與色彩的更換，大自然不怕向我們展覽他自己。「它為我的想像力喚起，注入的這些思想，使得我的想像力漸漸從驚駭中復甦過來。我在這一切中所尋到的草地、流水、森林、孤寂，特別是安寧和休整，都借著這條鍊子，不停地在記憶中閃過。」* 我能感受到，不再只描繪眼前的風景，而是情感與經歷累積而成的內在風景，層層迸發地畫出來。風景，無論在戶外畫或者在室內畫，透過眼睛來臨摹、記憶堆積、想像、經驗而成的風景畫，是一種嶄新的視覺體驗。

駐村生活啟動了我創作自由的因子，讓我勇往直前並大膽地作畫，不受藝術的理論與現實綑綁。我記得蕭勤老師曾經跟我說：「如果要畫不一樣的作品，要走在藝術路上的前方，就要開創新風格。」

---

* 盧梭（Jean-Jacques Rousseau）著，袁筱一譯，《一個孤獨漫步者的遐想》，自由之丘，2011。

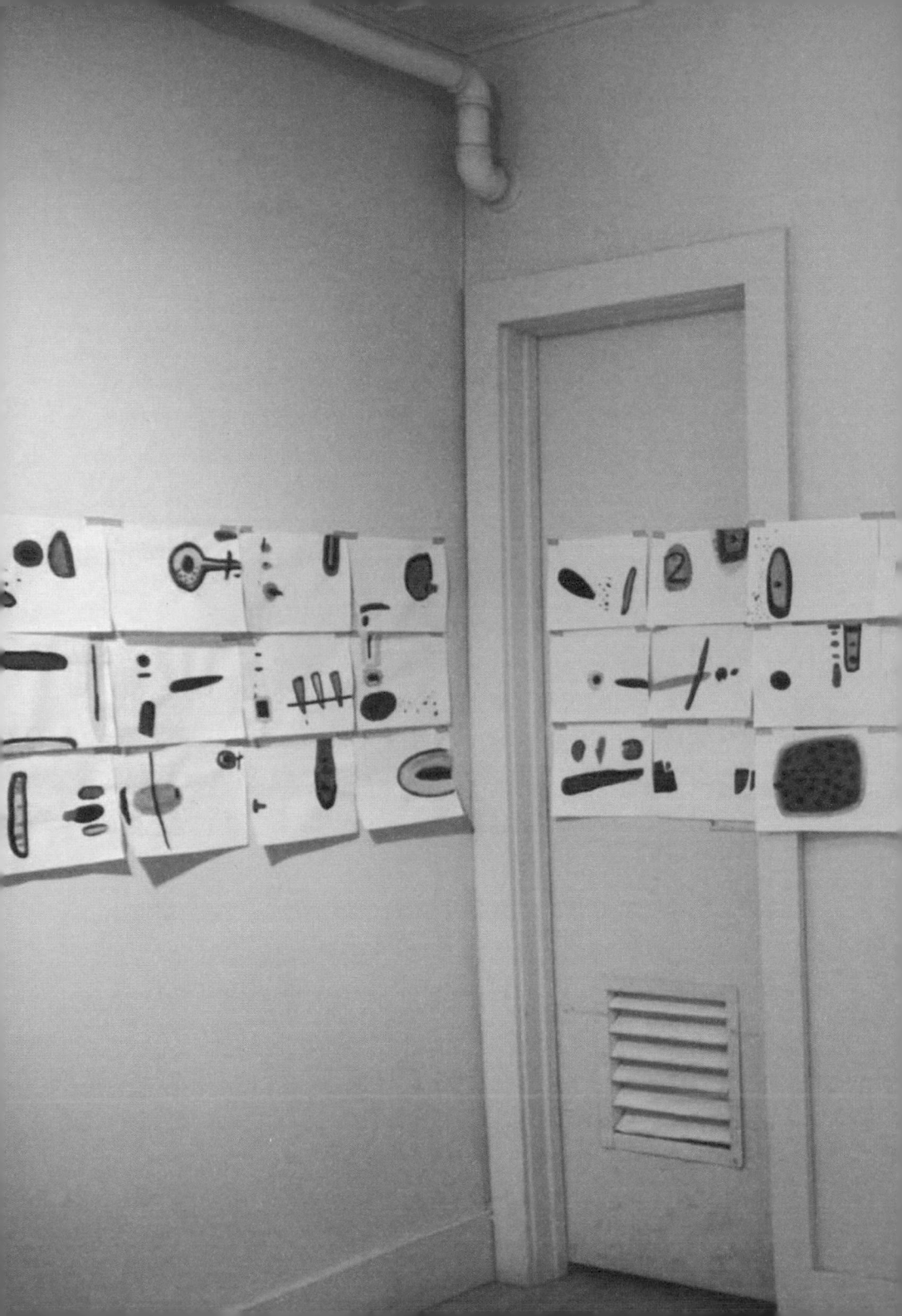

林瑋萱，《在我安靜畫畫的時候》，紙、壓克力，2006，佛蒙藝術中心的展場

林瑋萱，《Moose 公園》，空間裝置，
木頭、木板、樹枝、蛋盒、蠟筆， 2006，佛蒙特藝術中心的展場
從雕塑場撿拾剩下的木塊、木板、蛋盒、樹枝、紙板組合塑造我
所處的佛蒙特的綠山風景。

│ 祕密基地 │

《Moose 公園》的作品一直延續到 2012 年。當時在台中一間獨立展演空間的負責人透過網站看到了這件作品，覺得很喜歡，主動寫信給我，邀請我去台中展覽，當時很受寵若驚，因為覺得這麼冷門的作品竟然有觀眾啊。與他見面時，他說：「這整個空間都給你使用，想玩什麼、做什麼都可以。」和他的對話中有種自由、被信任的感覺。作品的呈現的確可以看出一位創作者的想法與動機，我想他是跨時空地理解了那時的我，才會跟我邀展。我對這次展覽原本的想法是空間裡展出繪畫作品，但當我試著掛畫時，覺得好像太簡單了，不是我想要展覽的樣子。是不是應該要像他說的，想玩什麼都可以？那就放開，來吧！

我回想 2006 年在佛蒙特藝術村時，曾經做過《Moose 公園》的裝置創作，那時候是第一次嘗試撿拾廢棄物和拼貼繪畫而成的作品。有了先前的經驗，我在這空間決定進行大型的裝置，使用身邊的廢棄物材來組合，比如：黏土、廚房紙巾的空紙捲、紙張、塑膠袋、紙盤、膠帶和五金小零件等等。打散它們原有的功能，賦予新的意思，像是小玩具般的親近可愛，因此成了我的作品《祕密基地》。用一種自發性玩遊戲的方式進行現場創作，像是小孩的遊戲

行為，因為在玩樂中，不會被制定的觀點綁手綁腳，在自由的表達中，反而出現嶄新的面貌，不可思議。

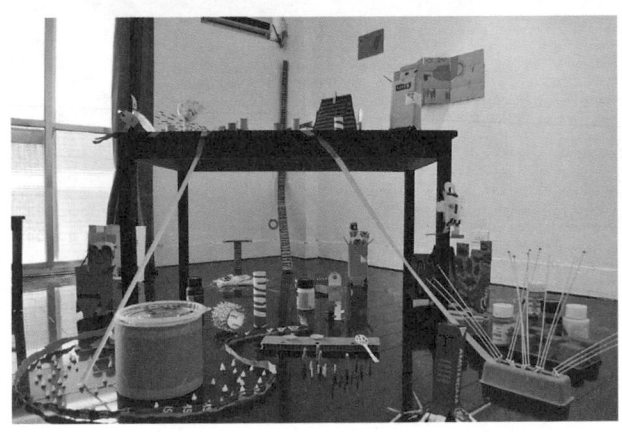

林瑋萱，《祕密基地》，空間裝置，2012

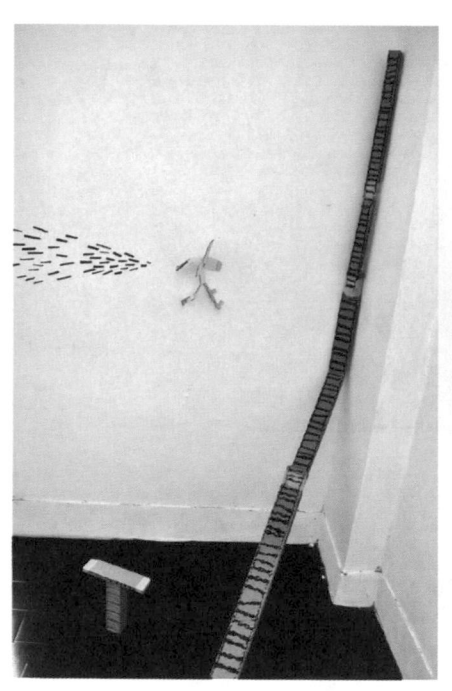
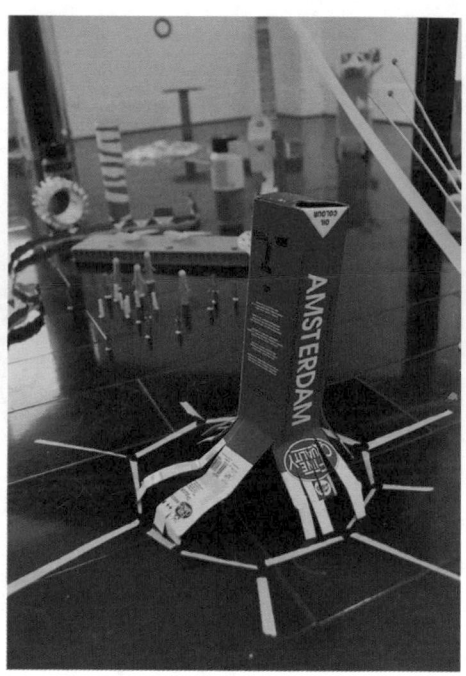

林瑋萱，《祕密基地》局部

| Moose 駝鹿 |

曾經收到小玉第一次駐村的時候寄來的明信片，封面是駝鹿，和我所看到的馴鹿、麋鹿有所不同。最吸睛的是牠頭上的角像是手掌型的扁平狀、身材圓圓胖胖和有點垂擺的下巴，看起來像長鬍子的老爺爺，是世界最大的鹿科動物，肩高超過兩百公分，體重800公斤能讓車子被撞毀。常出沒在佛蒙特北邊一帶，在佛蒙特路旁可以看到黃色的警告牌。巨大老爺爺的魅力植入了我的腦海裡，希望這次在駐村時能看到牠。我撿拾了咖啡色的紙箱，展開成平面，在上面繪畫、剪貼，主角是駝鹿和一群圍繞在牠身旁的動物。

佛蒙特的自助洗衣店、酒吧、郵局、超市、餐廳和書店都集中在附近，是很迷你的小鎮，走一圈就逛完了，曾經企圖想走到另外一個市區，路標上寫著20公里，應該不遠吧！以為憑著年輕的毅力與體力可以走到那邊，身上沒帶什麼就毅然地出發。大卡車、戴獨木舟的車和一群騎腳踏車的人，在我旁邊呼嘯而過，放眼望去很空曠，似乎都沒有人，擔心會不會要走上一天一夜才到得了呢？走到一半眼見路途遙遠，又沒帶水、點心，真是把我們餓得、渴得，只好折返回藝術村。但沒過了幾天，按耐不住森山環繞的呼喚以及想看野生動物的欲望，跑去跟大叔借腳踏車，帶著我們總是能隨時出發的心情，說走

就走，騎了一段小山坡開始慢慢進入高聳的白樺樹林裡，涼爽、十分舒服，但我不清楚我們到底在那裡，只好順著道路就騎上去。景色接著逐漸開闊起來，隱約看見一兩棟矮的建築物，出現了一些人、建築物分別矗立在草坪上，看到標示上寫著「約翰遜州立大學」（Norhem Vermont University-Johnson）。我們放下了腳踏車，進入一棟建築物裡隨意晃逛，我在室內隔著落地窗戶看著戶外景色時，蜂鳥倏然停留在我的對面，牠的鮮豔羽毛輕盈地無限搧動著迷你翅膀，停留在空中，短短的時間就消失無蹤。牠是世界上最小的鳥類，快到你看不見牠，非常幸運地此次能親眼看到牠的樣子。

綠山是一個神祕森林的國度，你總會被它的鬱鬱蔥蔥吸引過去，要有一部車才有辦法抵達深處，在那裡也會看到更多的野生動物，尤其駝鹿。或許，我和牠早已在夢裡相遇。因為有距離，讓我對牠多了一份想像，白色的身軀、紅橘色的鹿角、橘色的眼圈，透過這件作品，把我所渴望想見駝鹿的心情表達出來。運用不同的材料如鋁箔貼紙、布料、回收紙張拼貼成許多小鳥形狀和幾何線條。除了立體小物件之外，其他紙張包含駝鹿作品我都一併帶回來台灣，但由於它是摺疊的關係，一直這樣和其他作品一起堆放著，沒有被打開，心懸念著要帶畫去裱框。現在則擺放在我的床頭上，它變成是我夢境的一部分，每一次看到作品都會想起當時作畫愉快的心情以及對駝鹿的喜愛。

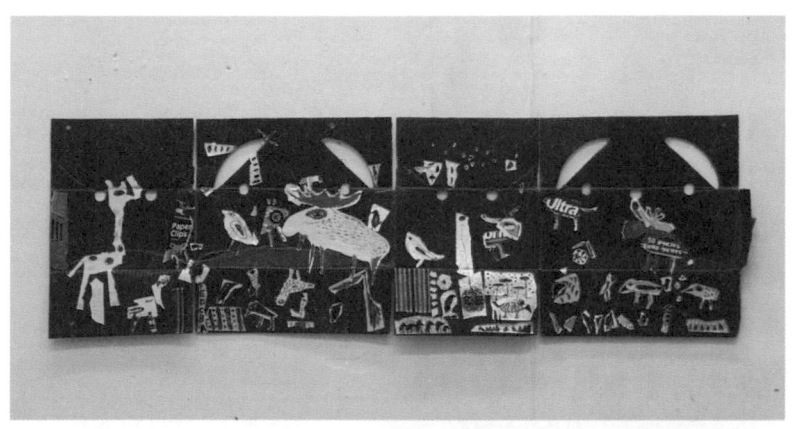

林瑋萱，《Moose》，拼貼，140×44cm，紙箱、膠帶、紙張、簽字筆，2006

載滿五顏六色獨木舟的休閒車，2006（攝影／林瑋萱）

林瑋萱，不同的鹿，紙、簽字筆、蠟筆，2006，佛蒙特工作室

佛蒙特近郊，2006（攝影／林瑋萱）

| Vermont 寫生 |

　　我喜歡在地上繪畫，想像著以自己為中心，所有的小東西變得親近，有一種放鬆的狀態，身體的肢體自由地舒展延伸到紙上，想在那畫就畫吧。坐著比站著畫畫更為舒服。不預備作草稿，直接地讓線條跟著當下情緒的發展，任意讓手指和手腕不斷來回地運動，不規則的線條交織成了抽象，脫離了具象，轉化成為繪畫的獨立元素，形成它的語彙。在駐村體驗得到啟發的時刻把內心的想像和對外世界的體驗結合起來，直抵最深的祕密區域，敞開神祕的出口。

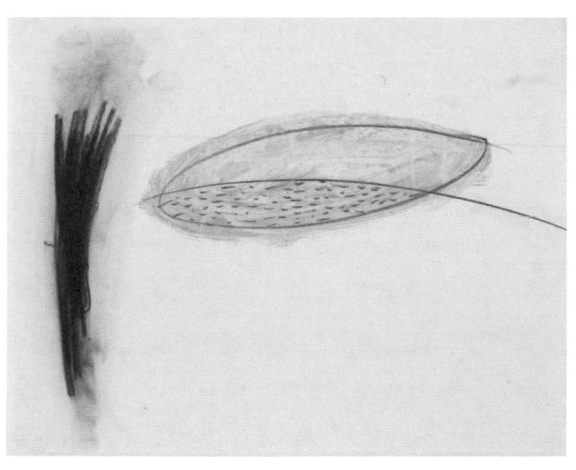

林瑋萱，《Vermont 寫生》，紙、鉛筆、水彩，2006

藝評
《生成的風景：關於林瑋萱的生命感知》

黃曉微 2014.11

　　風景系列，描繪林瑋萱在 2006 年於美國佛蒙特藝術村（Vermont art studio）的駐村感受，特別是大量的散步時間，形塑一種在接受和感受之間所生產出的新形式，那些由快速素描線條和不規則點面形式，所組合而成的感知相像，是一種內在感覺的統整，是藝術家的「在世存有」，更像柏格森的「生命注意力」。

　　而這奇妙的注意力，來自於生命中的聲音缺席，讓她更加注意周邊情境的流動，在散步的過程中，那些由森林、空氣、露水等，無形中所累積的大自然感知和不完整的片斷音點，成為畫作的本質，揭示她的自我存在。她不再因為無法現身的外部聲音，而感到禁錮及限制，因為身體的感知及視覺，打開了她的情境感受，讓她重新發現一種未定域的感知本質。畫面的組成，無法被藝術家清楚的解釋因果，因為身體及意識有自己的內部運動方向。而那片風景，正是在瘋狂又無法被定域的綜合感受中，所生成的一種自我存在的世界圖像。原來世界早已丟出一個輪廓，而她只是單純的回

應，畫面中的流動性就是最好的證明。

　　透過一個將耳朵借給畫筆的藝術身體，瑋萱重新找回和這個世界的聯繫，我們也得以在觀看的同時，留意並認識那存在的自由愉悅，就在眼前。

2-3

一切從牆上開始的展覽

| 原生藝術 |

關於原生藝術，杜布菲說：「各種類型的作品：素描、彩畫、刺繡、手塑品、小雕像等等，顯現出自發與強烈創性的特徵，儘可能最少地依賴傳統藝術與文化的陳腔濫調，而且作者都是些沒沒無

聞的、與職業藝術圈沒有關係的人。」[*]

　　在佛蒙特藝術村回來後，經學長介紹認識了剛設立不久的光之藝廊，它是一座專為身心障礙者設立的藝廊，位於台中的國立台灣美術館旁，定期為身心障礙的創作者舉辦展覽。很喜歡名稱裡有「光」字，似在隧道裡創作並慢慢挖掘障礙的牆，鑿出一道縫讓光照進來，是希望的契機。身心障礙的創作者們在創作上有著各自的堅持及偏好的媒材，例如不斷地重覆畫線條和符號，低聲呢喃般地沉浸在自己的小宇宙裡表達恐懼、痛苦、喜樂或悲傷等情感，而這些因著身體某些部位的「障礙」直接展露的情感，在通過藝術表達時更展露出一股帶有身體性的、原初的魅力。

　　我還記得在藝廊舉辦的展覽裡，有一位唐氏症女孩的作品布滿了桃紅色的顏色和流暢的線條，如漩渦般地深深吸引我，我被這些充滿生命力的線條打動，在展場看到她便興奮地跑過去直接拍拍她的肩膀，想要告訴對方說：「我很喜歡妳的畫！」但她驚恐地跑離現場，留下尷尬的我，驚覺自己的動作太突然，當然會嚇到對方。我常常忘了自己也是一個身心障礙的創作者，擁有一張身心障礙的卡片，相較於其他的身心障礙的創作者們，發現自己原來對

---

*　　洪米貞著，《原生藝術的故事》，藝術家出版，2000，p.13。

「身心障礙」程度不夠了解。光之藝廊裡的一群特別的創作者們，讓我看見被禁錮的靈魂產生巨大的自由，在障礙上克服困難、進行創作，他們努力不懈的行動力感染了我。

光之藝廊在 2014 年參加日本滋賀縣社會福祉事業團所策劃的日本原生藝術大展「The World Of Art Brut In Japan」，結合台灣和日本三十五位身心障礙創作者共五百件作品，在滋賀縣近江八幡市的八個會場展覽，我的作品也在當中被邀請展出。

| 銀色小鎮 —— 美山町 |

在展覽開幕前一天，我們抽空造訪位於京都市上方的美山町並住一晚，美山町是日本三大現存的茅葺屋集落之一。在京都車站上了車，照舊挑了窗戶旁的位子，一開始的畫面是街景，過了十五分鐘後，景色很快變成山林小鎮的風貌，遠離城市的塵囂，大自然如此靠近，可以看見高山、河川，讓我對京都的印象更加深刻和喜歡。我們在園部下了火車，轉搭上公車，車上都是阿公阿嬤，我和旅伴像是突然闖入寧靜的時空裡。小巴在鄉間路上蜿蜒，進去八、九百公尺高山之間的山谷裡，一整片望過去，覆雪的銀白色茅葺屋村落，有一種與世隔絕的仙境感。那天天氣很冷，我們抵達

後，下著細雨，沒什麼人，隨意逛晃到 café Miran 咖啡店（取自日文的美卵的發音，代表「美麗雞蛋」，下蛋的雞是當地野養的），老闆很貼心地取出煤油暖爐，放在我們旁邊，一邊讓濕掉的褲管烘乾，一邊喝著熱呼呼的咖啡和吃著手工雞蛋布丁，濕冷的身體，慢慢地乾暖起來。恢復了精神後便去找民宿落腳。當天晚上吃著雞湯火鍋，好吃、幸福洋溢得爆表了，在和室裡有發暖的電毯，讓我們有好暖好眠的一晚。隔天的早上下了一場雪，我們躲在棉被裡趴著看窗外飄來的細雪，猶豫好久還是穿上衣服去外面散步一圈，走到神社裡，一幅馬畫矗立在我眼前，正好我也屬馬。

美山町，2014（攝影／蕭雅心）

銀白色的美山町，2014（攝影／林瑋萱）

從美山町下山後便直奔去搭火車到八幡市，整個展場座落在歷史悠久的日式建築物的古老街巷裡，由於保存得非常好，讓人有種彷彿走入江戶時代裡的錯覺。我們搭 JR 琵琶湖線到近江八幡車站，與光之藝廊的理事長及同仁們會合前往展場，沿著路旁走，不知不覺已遠離熱鬧的市中心，不久，遠遠地看到白色宣傳海報佇立在黑漆板木造的日式屋「NO-MA 美術館」的外面，興奮地跑過去，一踏入門映入眼簾的是日式庭院的造景，看到地上結合石、沙、松柏等簡單的自然元素，營造出的禪味靜謐氛圍吸引了我佇留。

　　進到展場看見自己的作品被安排與日本的藝術家們一起展出，整體呈現自由、有趣的風格。當中和我一起展出的澤田真一是一位自閉症的陶藝家，擅長捏長滿刺點的怪物和延伸出來的小觸手，怪誕的眼神充滿著靈魂，似乎像要告訴我什麼祕密。這股神采奕奕的精神是創作者們完全始於自己內在的驅動力於創作中，以瘋狂、內斂、天真般的想像力，無遠弗屆帶來獨特的語彙與視覺的饗宴，牽動每一條視神經並傳來一股電流，讓人忍不住睜大眼睛為她／他豐沛的生命力起雞皮疙瘩。

　　我一直都很喜歡原生藝術，它直接而來的生命力像是我體內的一部分。研究原生藝術的藝文工作者洪米貞說她一直在尋找的是一股「平實的力量」，一種不矯飾的真誠與質樸的力量。相較於原生藝術的精神，我不是很喜歡「身心障礙」這個名詞，很多時候我是

經由他人的眼光才意識到自己的殘缺，但在人類共同的心靈裡，我想，每個人都是完好無缺的。

$\dfrac{1}{2}$

1. 牆上方的畫是日本藝術家日比野克彥的作品，
下方兩幅畫則是我的作品，
攝於 2014 年日本滋賀縣 NO-MA 美術館。
（攝影／蕭雅心）

2. 捏陶怪獸是日本陶藝家澤田真一的作品，
牆上二幅畫則是日比野克彥的作品，
攝於 2014 年日本滋賀縣 NO-MA 美術館。
（攝影／林瑋萱）

看完 NO-MA 美術館之後往另外七個會場探險，穿梭在老巷裡看見美麗古老的神社遍布在四周，經過覺得分外莊嚴安靜，讓人想放慢腳步停下來細看。另外不少日式的庭院，樹木比房子還高，葉子修剪成不同的造型，看了令人會心一笑。每間展場的空間不同，有高挑、寬闊和狹窄的，特別感受到日本的策展團隊用心地將每件繪畫作品、立體裝置和一些小物件的精神，充分地延伸至建築空間裡。

展覽附近的店家有一座狸貓的雕塑，戴著斗笠、歪著頭、白色圓肚肚，以及黑眼和黑眼圈的狸貓，憨厚討喜的模樣，引起我的注意，靠近仔細一瞧，一手拿著小酒壺（不愁三餐）、一手拿著帳本（指信用的重要），問了之後才知道這是日本的吉祥物。「狸」在日文發音是「超過其他」，因此許多店家會特別在店門前放狸貓雕像，表示生意興隆。真想把這討喜又討憨的狸貓雕像帶回台灣啊。

（攝影／林瑋萱）

| 咖哩與咖啡 |

　　京都對旅人來說是個美食的城市，輕鬆、隨興地晃晃到店裡就能吃上很好吃的食物。尤其愛吃咖哩的我，看到了主要賣咖哩的小店，毫不猶豫地走進去，撲鼻而來的是甜甜奶油麵包香，菜單上的咖哩套餐附的是麵包、黑咖啡，第一次看到西式的組合，覺得挺新鮮。我們在粗礦的大木桌上，一邊吃著咖哩飯，一邊啜飲著黑咖啡，這樣的搭配把我的味覺快消融了，超乎想像中的美味，深深留在我的味覺記憶裡。而現在若有煮咖哩，就會沖一大壺美式咖啡，來作為理想的美食組合，這次品嚐的經驗引發我想開店的夢想，菜單上就只賣咖哩飯和美式咖啡。

| 夢幻的蘋果派 |

　　記得在國中時飛去日本找姑姑，姑姑買來蘋果派給我們吃，這是我第一次嚐鮮的甜點，一吃，驚為天人，此後成為我最愛的甜點名單之一。因此不管旅遊到國外那個城市，我總是會尋訪咖啡店，選蘋果派搭黑咖啡來做為我一天的快樂中繼站。在京都遇見了一家可愛的小店，擺滿了許多甜點，正猶豫不知道要選那一種，忽

然瞄到有我喜歡的蘋果派，開心地直接買了一片做我的早餐，酥脆的派皮上鋪滿醃漬的蘋果片，吃起來酸酸甜甜的很多汁，再搭配始終如一必點的黑咖啡。甜點有著神奇的魔力，若少了它，一天就沒辦法劃上句點。

（攝影／林瑋萱）

| 所有形式的展覽 |

什麼是「所有形式的展覽」？是指藝術中任何樣式、媒材都可以被表現嗎？那麼有沒有「所有形式的人」？藝術發展自後現代主義、普普藝術之後，似乎所有形式都可以被人們接受，正所謂陽光底下再無新鮮事。人們對於藝術既然可以這麼開放、擁抱潮流和時代性，那麼，對於人呢？人們似乎對藝術的容忍比人還要多出許多。

在日本原生藝術一展中，經由光之藝廊及日本展覽承辦人中野先生的幫忙，遇見了法國巴黎聖皮埃爾美術館（La Halle St-Pierre）的館長Martine Lusard，聽翻譯後了解是一座以原生藝術為主的美術館。Martine每年都會來日本看展覽，正好看到我的作品，當下就邀請我的作品參

與明年聖皮埃爾美術館策劃的「所有形式繪畫」的聯展。覺得這一年像中樂透般地連續受邀參加國外的展覽，多麼令人振奮的消息，對自己作品感到非常自傲，接下來的幾天中也非常開心。之後 Martine 來台灣與我們進一步討論台法原生藝術交流和未來在巴黎的展覽事宜。

參與台法原生藝術交流的合作計畫的過程中雖有些理念上的不同，但撇除一些人事紛雜的問題，展覽本身是很重要的發聲機會，我很想看看更多在不同地方，有著共同理念的創作者們。在知道之後得靠自己準備計劃去法國參展，於是申請了國藝會的國際文化交流補助和天來文化藝術基金會的展覽贊助，以及作品文件的英、法文翻譯，深怕自己錯過了什麼，想要讓一切準備得更齊全。受到伸手幫助我的好朋友們、老師、貴人們和法國美術館的幫忙與支持之下，將繁瑣的文件一一整理出來，讓我的作品順利在巴黎美術館展開畫展之旅。之後，心裡掛念著申請補助的計畫終於通過，不用再為經費傷腦筋著實鬆了一口氣。

2015 年 1 月的冬天，我和旅伴心心一起飛到法國踏上歐洲文藝之都，說好要逛翻全部的美術館和羅浮宮，把莫內、梵谷和畢卡索等等知名藝術家的原作盡收眼底。聖皮埃爾美術館在巴黎市北邊最高的聖心堂下方，為了交通方便就近找了附近的民宿與法國陶藝家阿姨共居。

1.巴黎聖皮埃爾美術館（La Halle St-Pierre）建築外觀（攝影／蕭雅心）

2.牆上作品是我的作品，攝於 2015 年巴黎聖皮埃爾美術館（La Halle St-Pierre）。
　（攝影／林瑋萱）

開幕茶會當天，在場有愛好關注原生藝術的觀者們和精緻豐富的餐點，還有堆起來的馬卡龍。我不習慣待在人群太多的場地，因此直接去展場看作品，看到寫作法國知名《鐘樓怪人》著作的文豪雨果（Victor Hugo）的畫作也在此展覽，才知道他除了是一名作家，也是畫家，畫作的內容有如鐘樓怪人的故事一樣吸引人，作品內容帶有超自然力量的鬼魅風格。

與知名的藝術家們一同跨越二世紀的展覽，有六十七位藝術家共五百件作品，大多是紙上繪畫，還有幾件是裝置作品；美術館更慎重地將此次出版的展覽畫輯贈送給我，看到自己的畫與偉大的藝術家作品放在一起備感榮幸，包括我所知道美國當代藝術家 Kiki Smith 的作品，能近距離觀看作品真是令人興奮地想觸摸作品啊！美術館館長 Martine 說：「繪畫是一種很重要的表達語言，能夠揭示我們最深潛的情感。」他們使用最輕便、最少的材料來繪畫，如鉛筆、鋼筆、鉛筆、墨水等，奇幻的夢境、未完成的草稿、卡漫詼諧的諷刺，或編造夢想境界等來滿足內心的情感及需求。我的耳朵宛如被打開，聽見畫面中傳達情緒的力量，靈魂似乎留在展場不停地瀏覽大家的作品，花了好久時間才慢慢地回神。

歐洲具有以人為本的思考模式，從人本的角度去看創作，關注創作的過程，過程是原生藝術最重視的，無論殘障與否，人還是

人，作品是人創造出來的，所以殘障的字眼歐洲人是不會特別地提出來，因為他們覺得殘障不等於作品。相較之下台灣的原生藝術大多都冠上身心障礙的名稱，這也是我心裡有一部分抗拒這名稱的原因，這會影響到觀者從身心障礙的立場來看作品，過分投入憐憫的心態去看待，而不是真正直接欣賞畫作。

LIN WEI-HSUAN est née en 1978 à Taïwan. Malentendante, elle apprend à lire sur les lèvres dès l'âge de six ans. Elle se consacre très jeune au dessin, qui devient pour elle une source d'expression irremplaçable. Elle étudie les arts plastiques à l'université de Taïnan, à Taïwan.' Depuis 2011, elle expose dans son pays mais aussi aux États-Unis.

DANS UN MÊME DESSIN, Lin-Wei-Hsuan peut associer le fusain, l'acrylique et le crayon de couleur. Ces différents médiums lui permettent d'obtenir un champ de vibrations colorées. Douceur et stridence, vibrato et basse continue traversent l'espace de la feuille, dans une composition d'ensemble qui évoque une modulation de fréquence.

CI-DESSUS ET PAGES SUIVANTES :
SANS TITRE • 2011 • CRAYON ET AQUARELLE • 30 x 40 CM.

展覽畫冊，第 266 頁圖文介紹——林瑋萱（法文中譯）

林瑋萱 1978 年出生於台灣，由於聽覺障礙，六歲起即學習唇語。她很年輕時就投入了繪畫創作之中，而這似乎對她成了一種無以取代的表達方式。曾就讀於台灣的台南藝術大學，自 2011 年起，她在台灣本地及美國皆有舉辦展覽。在同一幅畫作裡，林瑋萱能結合運用木炭筆、樹脂及色鉛筆。這些不同的媒材讓她的畫作呈現出色彩豐富的振動感。柔和與刺耳的聲音、持續的顫音及低音，穿越了紙張，一切組合在一起彷彿隱隱約約地在進行情感的調頻。

每次去國外旅行，總會想住當地的房子，體驗不一樣的生活。透過 Airbnb 的網站看到法國陶藝家蘇菲家的照片，室內空間的布置典雅別緻，立刻下訂這間位於巴黎蒙馬特一帶的小公寓，做為此趟巴黎行旅的落腳點。

　　抵達巴黎的早晨，跟著手機導航上的指示搭上捷運，從大街轉到窄長彎曲的斜坡巷道，我們在石頭路上拖著行李箱行走，非常吃力。公寓裡細細窄窄的旋轉樓梯，只容得下一個人的空間，很小心地提起行李箱拉上二樓，兩個人站在樓梯口顯得很擠。室內的天花板沒有燈具，倒是有很多檯燈和兩、三座蘇菲阿姨做的雕塑半身像。經過浴室，走廊盡頭寬敞明亮的房間就在我們眼前，有一大片落地窗可以看見對面的窗戶和下面人來人往的街道，像是電影裡演的巴黎住宅情節般。簡單地和蘇菲打過招呼後，才知道未來的幾天會和她住在一起且一起使用這房子，原因是她通常冬天會待在巴黎，夏天才會去她在巴黎近郊的工作室，而冬天通常較少人造訪巴黎，所以我們這次會和她一起住，她也很客氣地詢問我們會不會在意？雖然當下有嚇到，和陌生人住在一起很奇怪，但想著也是可以藉此機會認識一下彼此的文化和飲食日常，於是就答應了。

　　為了想和蘇菲有更多的對話，我使用手機翻譯軟體，把想要問的問題輸入手機並翻成法文，拿給蘇菲看，蘇菲也非常有耐心地拿

著我的手機對著螢幕說話，覺得眼前的阿姨實在很可愛。幾天下來，和她相處逐漸感到自在起來，在廚房發出聲音也不會感到彆扭。有一天蘇菲約了我們在家一起吃晚餐，煮了濃郁白醬焗烤白菜，餐後甜點則是將蘋果打成泥派（也是派的一種）搭配蓮花餅乾，第一次吃到這樣的「蘋果派」，搭配蘇菲自製的醬汁，帶有一種蘋果微酸的樸實口味。隔天早晨，蘇菲做了法國重要的甜點「可麗餅」，一口氣煎了好多餅皮，率性攤開餅皮，撒上一層細細的細糖，熱熱的餅皮和著糖和奶油，給了我們層次香甜的口感，於是我擁有一整個可麗餅的早晨。

1｜2　　1. 蘋果泥加上牛奶甜醬搭配蓮花餅，2015（攝影／蕭雅心）
　　　　2. 可麗餅裡的餡是奶油加糖，2015（攝影／蕭雅心）

巴黎鐵塔（攝影／林瑋萱）

2-4

探險家

聽不見讓我隔絕外在的聲音,身體很快地安靜下來,跟著內心節奏擺動,完全專注在自己身上,是為作畫前的暖身預備。我會同時地畫好幾張作品,喜歡看畫布擺在牆上,一邊作畫一邊看著它們,而它們彼此也會互相影響。

經常想像自己是探險家,追著風景,跟著太陽、月亮和星星,心靈同步地在變化;在迷人的光線、溫度、特殊的地形、森山和湖

泊等如此神奇的交融下，環抱在迷人的氛圍之中，視覺隨著樣貌的轉變而移動，瞬間造成層層的映象，大量地被擷取刻在記憶的光盤裡。除了在視覺上迷戀著形貌，身軀裡的靈魂感覺也快速地跟上來，輕飄飄地在大自然裡神遊。記憶時而模糊、時而清晰，在腦海內重組風景後畫出來，也許不是原來的風貌，也許會變成另外一道風光，那也無妨。創作完成後，彷彿看見畫中點點色彩與俏皮的線條率性地在畫布上踏步遊走，帶來像是慢跑般的節奏感。在收放緩慢作畫的速度之餘，更感到自己的情感需要宇宙與海洋的能量來增長，藉由大自然的神祕力量直達個人的心靈層面，不斷地交集碰觸，激發出多樣不可見的意象，更真實地存在。

| 灰色時期 |

　　大學時期，因聽不見的關係，在口語表達上有著許多的障礙與限制，無法順利地說出想要說的話，變成自己說的話只有自己懂，而長期處在沒有雙向、只有單向的溝通模式之下，對自己的人生與方向產生了困惑，自我呢喃的關係開始建立。只有畫，是我唯一可以發洩的出口，色彩帶來情緒治療，進而從繪畫中找到一個專屬傾聽自己的出口，包容我大量的傾訴。有一段時間非常小心地使用顏色，沒有把握調和出美麗的色彩，灰色是我最放心使用的

顏色，喜歡它的安靜，就如處在無聲的世界裡，有一種隔絕的感覺。反之，對充滿力量的顏色感到害怕，鮮豔的紅色、自信的藍色、耀眼的黃色都讓我覺得不舒服、不自在。然而，生命自有其出口，色彩似乎也有其顯現，展現在我生命裡每個階段的色彩，都是一道一道的色光。

| 原色期 |

繪畫與我的生命緊密相連，
讓我轉而關注內心世界的光，
不再注意自身聽不見的殘缺上，
更為真切地讓我看見與感受這世界。

因對未來有所期待，境隨心轉。為擺脫灰色的孤獨感覺，擴展心眼參與了與現實生活不同的藝術創作生活，把它帶到我的生命裡。自我呢喃的繪畫創作型態開始轉變，揮動肢體開始隨手塗鴉，藉此重新找到創作的源頭，召喚內心的小王子，自由嬉戲、隨即創作的樂趣也隨之展開。正如畢卡索說：「色彩是甘泉、是美味，可以讓人快樂，讓人活起來。」從內在的影響逐漸到外在的行為，不斷地圓融，開始選擇亮色系的顏色如紅色、藍色、黃色、綠色，不經調和直接上色，感受到原色自信的力量，開啟了雙眼不曾看見的美麗色彩，豐富了內心的歷程，愛不斷地灌溉進來。經由顏色的想像與運用，重新塑造自己的藝術生命，以心眼看待世界與面對未來，在生活中不斷進行嘗試，找到適合自己的方式完成自己。

| 繼續畫吧 |

　　我喜歡畫不同的題材，認為作品應跟隨著人生不同階段創造出嶄新的風格，不應原地踏步，但新的題材卻往往阻礙我靈感的奔馳想像，苦悶看著畫布無法下筆，此時腦海中出現梵谷說：「當你聽到有一個聲音在告訴你：『你畫不出來』的時候，一定

要繼續畫下去，那個聲音會停下來的。」焦慮地催促自己起身把畫布在空間裡展開來，讓畫布包圍著我，時間醞釀著創作的情緒直到靈感光臨。畫畫的驅動力引領著身體，直覺地告訴我不要限制自己所有的可能性，盡情畫吧，憑著熱情、堅持才能支撐意志力繼續畫下去。直到內心聲音告訴我，畫好了！有種天開了的感覺，豁然開朗。專注繪畫，也是專注自己。找回繪畫的愉悅感，在身體上獲得釋放，精神上也獲得滿足，這也許就是生命的層次感吧。

｜ 找回自己 ｜

塞尚說：「藝術對於我來說，只不過是一種生命的冒險罷了。一切呈現在畫面上的事物，不論是一筆一劃，它並不是色彩或筆觸，而是屬於我整個內在生命的冒險。」[*]

這世界充斥著聲音，覺得自己在這世界很渺小，在迷惘中前行。

---

[*]　史作檉著，《尋找山中的塞尚》，典藏藝術家庭，2006。

創作有如信仰，它帶領著我如何在生理與心理上找到一個平衡點，獲得抒發。要怎麼突破在乎他人眼光的自己，怎麼突破沒有勇氣溝通的自己，怎麼突破沒有自信的自己，成為自我這件事，需要一份勇敢與熱情，漸漸地長出了勇氣，朝向自己該去的地方走去。我還在慢慢地摸索，以前覺得藝術的意義是療癒內在需要，到最後其實是在找自己。

林瑋萱，《地球遭外星人發射爆炸飛出火花的碎片》，70×60×5cm，油畫，2010

《烏鴉在低鳴》，70×60×5cm，油畫，2010

林瑋萱，《大洋的浮游生物在逃亡》，70×60×5cm，油畫，2010

| 想像的未來 |

一直有整理回收材料的習慣，把立體紙盒打開來呈扁平狀，讓我得以窺見攤平的樣子，硬邊的長方形讓我聯想到外太空、星際航艦、太空火箭和飛機等等。對於這樣新奇的形狀很感興趣，引發我想以此材料創作的欲望，在紙上用畫筆塗塗抹抹和使用有顏色的貼紙來黏貼組合，成為了一系列紙盒的創作。這些被丟棄的、微不足道的廢棄物，都能再度被使用成為喜歡的東西，並賦予再生力量，很有意義、蠻有成就感的。

我喜歡坐在地上勞作，我想這跟小時候坐在地上畫畫的經驗有記憶上的連結的關係，它讓我以俯視的角度來繪畫，所有的元素、物體在整體上看起來小小的很可愛，使得畫面帶來一種開闊感，也是我能夠掌控的感覺。

「不要停止追尋材料創作的發展，

　　它只是藝術形式的一部分，

　最重要的是要保持你的好奇心。」

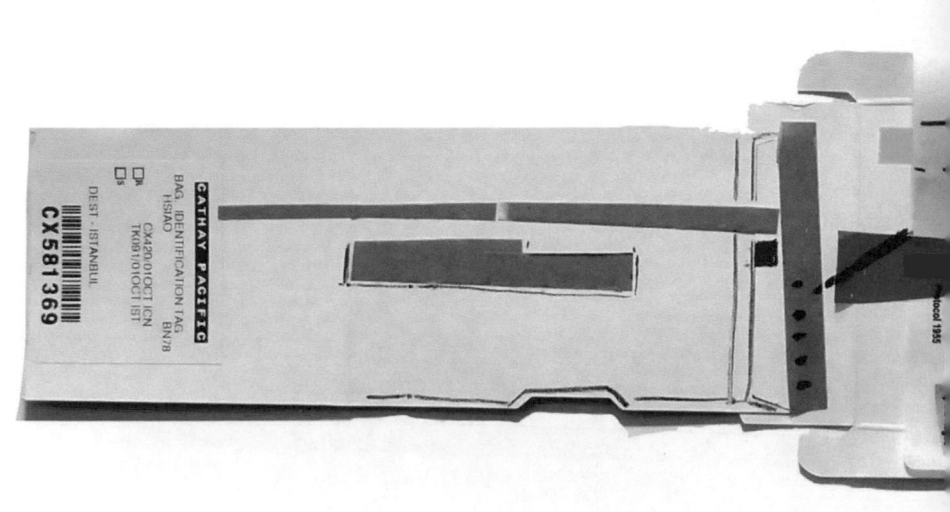

CATHAY PACIFIC

BAG. IDENTIFICATION TAG
HSIAO

☐R   CX420/10CT ICN   BN7B
☐S   TK061/10CT IST

DEST - ISTANBUL

CX581369

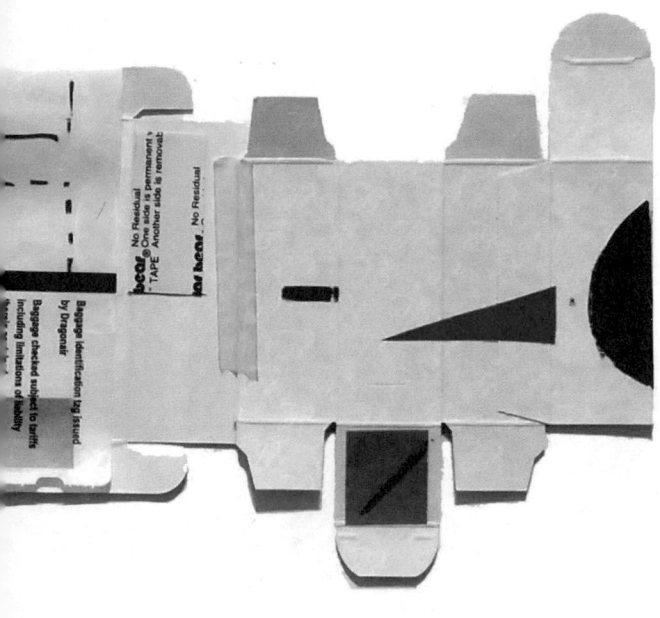

林瑋萱，《探險者》，41x11cm 紙盒、蠟筆、剪貼，2014

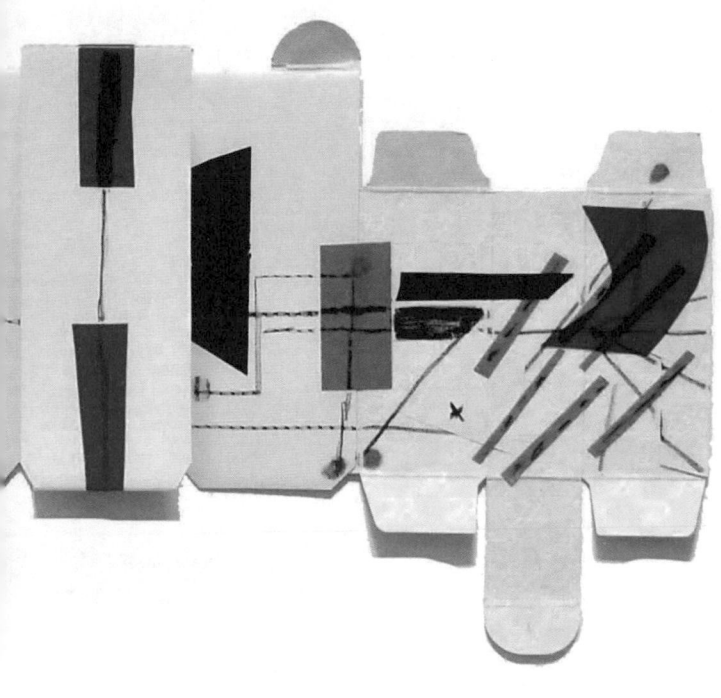

林瑋萱，《機坪》，43x19.5cm， 紙箱、蠟筆、剪貼， 2014

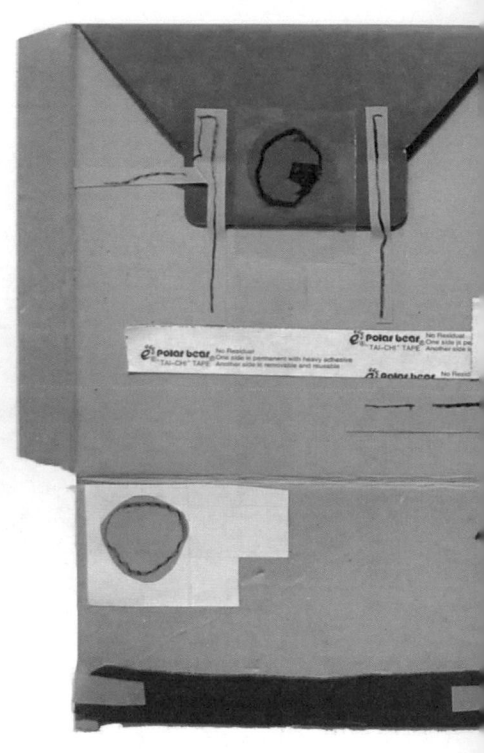

林瑋萱，《航艦》，55x27cm，紙箱、蠟筆、剪貼，2014

chapter

3

通往色彩的大山大海

3-1
遠行

當他看著我，他並不知道我完整
但他看到的是真正的我

還沒上小學之前，曾經有一段時間住在新埔義民廟後面的外婆家，ㄇ字型的三合院，旁邊有小池塘，鴨子住在池畔邊，一群雞悠哉地在四周踏步，沒有被關籠，感覺很自在。我的身旁總有幾條狗狗圍繞著，喜歡牠們跟著我，我也喜歡牠們，有陪伴的感覺，一起追逐嬉鬧如同好朋友般，有時也像保鑣似地保護我。我覺得人的一生中會有不同的陪伴在身邊，而狗兒的時光影響我最深，是我生命中願意承受的輕與重。

　　我還記得，我有一隻白狗朋友，有一天沒有看到牠在附近，我跑出去找牠，遠遠地看到牠，往田裡的方向走，好像走進光裡消失了，再也沒有看到牠回來。在我的海馬迴裡有一小塊的記憶，是關於牠瞬間在世界上消失，突然不見，留下疑惑。長大後聽說：「當狗知道自己生命將盡時，會自行離家，到陌生的地方死去，不讓家人為牠難過。」牠的背影至今在腦海裡仍舊清晰，想起總會覺得不捨，希望當時自己能及時地陪伴牠。

　　童年時光與動物們相處，不需要任何言語，能夠與牠們直接心靈交流，進而愉快地和平共存。有一群動物們的陪伴，帶來快樂和慰籍，成為如何去愛人的動力。我越長大越感到要用盡自己的能力給予需要幫助的動物們。後來，曾經有段時間和室友小玉當起狗兒的中途之家，我們一起照顧狗兒們並找到適合的人家送養。

｜皺巴巴的沙皮｜

有一天，二妹跟我說有沙皮狗被遺棄在收容所，問我要不要一起照顧？是一隻瘦到剩下骨頭的沙皮狗，連站都站不起來，搖搖晃晃地走路，看到牠的模樣有點嚇到，不敢摸牠。帶牠去公園散步、曬太陽，想說這應該是狗兒最喜歡的時候，但牠對陽光、花草、周圍景物似乎陌生，感覺被關在籠子裡很久；牠不踏上有草皮的土地，反而直接繞道走上有水泥鋪的路，和一般狗不太一樣，草皮應該是狗狗最喜歡的場所，可以翻滾身體和玩耍追逐才是。帶牠回我家，見牠似乎非常渴，一直喝水喝不停，最後只好拿臉盆裝水給他喝。天啊！這是有多久沒喝水呢？好像很怕沒有水可以喝的樣子。牠實在太瘦了，帶牠出門經常引來別人的異樣眼光，取了「肉肉」這名字，希望牠能趕快長胖。慢慢地長出肉來了，全身皺皺的樣子，洗澡也要把皮翻過來洗，喝水也不會再害怕沒有水喝了。看著肉肉從對外界的害怕慢慢到喜愛走入山裡奔跑的改變，感到很欣慰。肉肉最喜歡吃蘋果，一口可以咬在嘴巴裡咀嚼，好像河馬的嘴巴啊！一臉很滿足的模樣，看了也覺得幸福。

我和小玉都相信狗兒可以經過訓練，與人類很好地共處。我們花了很長的時間，陪伴肉肉並訓練牠服從和基本動作，培養主人與

狗兒的階層關係，一天固定四次出門散步、訓練在戶外上廁所，有時候遇到狗兒不聽話，讓訓練力不從心，隨之而來的不耐煩和情緒迸發，會直接使出體罰教育，因而造成狗兒的壓力與害怕而不得不服從並完成我們的指令。那時恰巧看到「報告狗班長」西薩·米蘭（Cesar Millan）的影片，才知道自身的心態與方法是錯誤的，在牠們身上看到自己的愚昧，讓我對牠們感到很抱歉。在過程中，不知不覺也調整了自身的態度，耐心與願意等待的時間也隨之提高。在狗兒身上學到許多，很感謝牠們的智慧與愛，帶領我成為更好的人。西薩說：「狗主人應該擁有『平靜、果斷』的能量」，才能成為狗兒的領袖和給予安定的情緒。

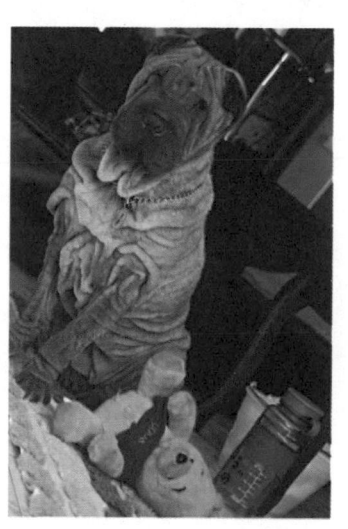

沙皮狗肉肉，2010（攝影／林瑋萱）

| 鼠兔一家親 |

天竺鼠是小玉養的，分別取名為阿啾、弟咕和 QQ，牠們和兔子姊姊一起住在院子，一家親的小天地，享受陽光、植物和可以奔跑的空間。鼠鼠們忙碌地在地上整個走跳不停，彷彿像是發現大草原，好不熱鬧啊，這不是自己也嚮往的環境嗎？有時候，我們會到院子坐著，看著牠們圓嘟嘟的身材、短短的四隻腳，跑起來好可愛喔！許多有趣的模樣直接地展現，呈現出生命最自然的樣子。

阿啾、弟咕和 QQ 很愛吃東西，最喜歡的是水果和青菜，每次只要一聽到打開冰箱取出食物的塑膠袋，發出細微窸窸窣窣的聲音時，牠們會興奮地立即跑到門外一起呼叫著，像在告訴我說：「我要吃！」。戴著助聽器的我竟然聽得見牠們微小的聲音，是一種吭叫的呼喊，也讓我一同興奮起來了。看著他們吃青菜水果，吃得津津有味的樣子，我忍不住也吃了一塊，感到被療癒。

鼠兔一家人
和動物相處不需要言語交流，
也不用擔心自己說的話是否被懂，
只要透過彼此眼神的交流和互動玩耍，
懂得你心意並跟隨著你

林瑋萱，《鼠兔一家人》，壓克力，木板，2010

| 搖滾的太陽鳥 |

「Momo」是一隻臉頰有兩個小橘圓點的太陽鳥，日本名字的翻譯是「小桃子」，頗適合牠。但因為失明的關係，前主人不得不把牠送走。那時家裡已經有兔子、天竺鼠和一條狗，但看到Momo，覺得牠是一隻很堅強、為生活而努力的鳥，加上和我同是身心障礙的處境，對牠更加地疼惜。相信看不見沒有什麼不同，只要陪伴著牠，給予基本生活的照顧與耐心的時間，自然會發展出屬於自己一套的生存方式。

所以我收留了牠，買了很大的鳥籠，可以讓牠上下攀爬。牠在新的環境裡經常走到角落碰壁，覺得前面沒有路可以走，就退後換別的方向走，在碰到時才會知道是什麼方向，花了很多時間才熟悉。也許是鳥類天性嚮往高度的驅使，讓牠直覺用嘴喙咬著鐵籠慢慢地攀爬往上，噢！這需要多強壯的嘴喙才能支撐身體往上爬，走到長木棍上站立，整理羽毛、睡覺。牠像是發現了嘴喙的用處，使用它來做出令我驚訝的事情，比如：用嘴喙咬住木棍在空中倒掛，像鞦韆一樣地搖晃著，自己玩樂，超厲害的啊！兩隻腳強壯無比。我平常會放牠出來在地上走，偶而振動翅膀卻突然筆直地往上飛，但 Momo 看不見方向，以致經常撞到天花板而墜落到地上，每次都要看著牠飛往哪去好接住牠。我在想，如果牠不小心飛到外面，是

不是也會像這樣一直往上飛，穿過雲呢？但卻不知道要往哪處，或許只能飛到累了從高處跌落而死亡。但，牠是我見過最勇敢、聰明的動物，眼睛始終堅定，總是挑戰眼前看不到的新事物，即使摔下來也不害怕，總是不斷地再來一次直到熟悉才停止。最厲害的是，會叼著鈴鐺球，往飼料盒投籃，雖然不是每一次都投中，但牠很有耐心地練習，聽著鈴鐺球發出的聲音，並叼著它試著找出飼料盒的位置投籃。我坐在鳥籠外面，看著牠在自己的世界裡一直忙碌地生活，我覺得牠的精神好令人敬佩！Momo 真是不簡單。

自己因為聽不見的殘缺，對殘障的動物比較感同身受，我也會希望別人能願意花點時間和我說話，就如同牠的渴求，友善對待牠，給牠多一點時間與耐心陪伴，一起生活、一起變強壯，這是我所希望的。

Momo & 阿貴，家中陽台，2017（攝影／林瑋萱）

| 黃金大頭 |

蹲在新竹家裡寫論文這段時間裡，收到二妹傳來訊息說有一隻被丟棄的米格魯，正在尋找中途之家，要不要幫忙照顧呢？第一次見到牠的模樣，頭很大，體格很壯碩，聲帶被剪掉，聽說是前主人覺得牠叫聲太吵，帶牠去剪掉，但為什麼還是被丟棄在收容所，任意拋棄呢？人類太輕易就忽視動物的悲傷與情感，愛牠就要養牠一輩子，寵物的一生，就只有主人而已，但世界上卻是還有不少人選擇棄養動物。對於這樣對待動物的人感到非常厭惡，也很心疼牠的遭遇，想為牠做些什麼，於是我把牠接回家了，並為牠取名叫「馬克」。在相處短短的幾天，只要呼喊牠名字，牠就會呼應我，馬上奔過來我這兒。看著牠專注聽我說話，直接地讓我感受到自己被需要、被重視，瞬間就可以感受到真實的存在！狗班長西薩也曾說：「狗的智慧，是治療靈魂的藥。」之後，馬克搖身一變，帥成黃金大頭，最後也找到收養並愛牠的爸爸、媽媽。

慢慢地，一天一天地，狗、小鳥、貓、天竺鼠和兔子分別在不同時期來到我的生命裡，參與了我的一切生活，給予牠們最愛的食物、帶狗兒散步、清理大小便、生病去看醫生、定時餵藥和洗澡、吹乾毛髮，繁瑣的細節在日常裡不斷地重覆著，是偉大又甜蜜的負荷。

| 黑色海嘯颶來龍捲風 |

　　習慣了有牠們的相伴，即使有時候抱怨著覺得很累，但只要看著牠們吃飯一臉滿足的樣子、健健康康又蹦蹦跳跳地奔向你面前，那些厭煩照料的念頭立即打消。看著牠們水亮水亮的雙眼，全然地依賴著並相信你，把你當成親人般，呼喊著牠們的名字時，會毫不遲疑地跑過來親親我的手。美好事物常存在於無聲之外的細節裡，在日常裡不寂寞。我在動物身上真正地學到了尊重和真誠，牠們不只是我們的好朋友，也是我們最好的老師。

　　對於牠們的逝世，我都會說牠們遠行去了，去無邊無際的宇宙旅行。我不認為死亡是什麼都沒有了，只要我還記得牠們，牠們就沒有消失。這些年牠們一一地去遠行，我生活上的重心也隨之轉移，緊湊的時間也慢慢緩鬆了，空間裡悄悄地騰出安靜，落寞的氛圍把整個人往下拉到谷底，揮之不去的是對牠們的想念。加上2011 年全世界遇到大自然的反撲，在新聞媒體上看見日本東北的黑色海嘯以及龍捲風捲襲大地上的房子，一下子把地上的人事物通通淹沒。震驚的畫面深入腦海裡，我畫了兩張畫把內心的難過與空虛釋放出來，感悟生命如此快速地消逝，趕不上思念的叨絮。

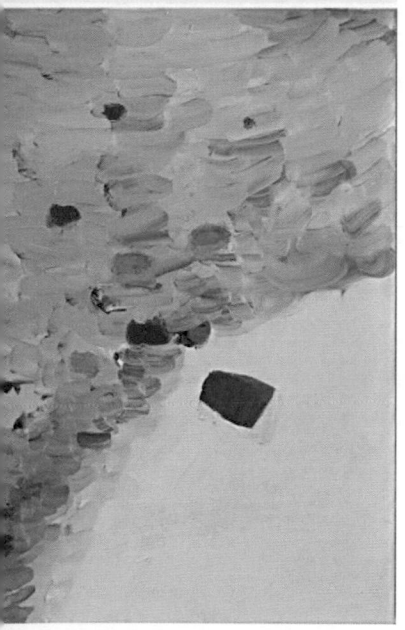

林瑋萱，《海嘯、龍捲風》，90×41×5cm，油畫，2011

3-2

我把風景留給了你

| 出走的風景 |

走出公寓，到遠方
山的形狀、明星辰的變化

時藍時綠的海洋、靜靜的湖
長長的鄉野道路
走進寬闊的自然裡，風洗滌
了我心，那些已經離開了
的你們，再度在我面前奔跑

　　以前出門時，總是擔心家裡的動物會沒有人照顧，有好長一
段時間不敢出遠門，直到牠們到天堂遠行之後，再也沒有什麼更
沉重的牽掛。應好友邀約一起騎車環島旅行，才拋開沉重孤寂的
環境，在路上吹著風，追尋著光影，直奔土地的懷抱。森林的寧
靜、海洋的包容、地景的變化和空氣中的色彩，讓心境瞬間切
換，想著動物們是不是也一起在大草原上奔跑呢？把思念寄託到
雲裡，讓風吹散，遙寄在大自然裡。

　　經歷一些難過的事，在大自然的擁抱下，我重新得到了新的樂
趣，那是一個來自內心深處的呼喚，回歸到平靜裡，一次又一次在

曠野裡得到休息，於是造訪它變成我的樂趣。喜愛高山、森林、海洋、曠野以及動物們，也許渴求希望自己的心靈能像它們一樣地自由、簡單和寧靜。透過心靈的沉澱與轉換，使得在視覺上有了重新的結構，作品的風格經歷了很大的轉變，相較以往較簡單、直接的構圖更饒有興味。

　　我在 2011 年畫了一系列作品，一開始沒有以龍捲風、海嘯當主題，在完成畫作時，驚覺畫布上的內容像似龍捲風和海嘯的模樣，而且整體上的感覺很憂傷。就回想起 2011 年從電視上目睹到日本的海嘯和龍捲風的捲襲，奪走了生命以及毀滅一切，大自然的反撲，加上寵物們的離開，心情是如此沉重、憤怒和憂傷。畫了兩幅畫，正如反映了當下的心境。在繪畫的這一段時間裡，深刻地感覺到自己跟平常不太一樣，因為我是很愛笑的人，當投入在一系列風景裡，整個人變得好安靜和內斂。觀察自己內在的表現，繪畫與感覺總是一起的。之後，我積極地接觸大自然，在這一段時間裡感覺到身心靈獲得舒緩並平和，開始繪畫一些在路上看到的風景以及感覺。同時也是首次嘗試創作的風格，看著新作品，很驚喜又開心，喜歡這樣一系列風景的作品，這是大自然給我的回饋，我會繼續去戶外接觸大自然以及享受它帶給我的一切樂趣，並持續寫生，發掘不同創作的風格，看到更多不一樣的自己。

有幾幅畫表現出自然的風貌，有大自然反撲造成土石流、山坡地被挖土機挖空、火燒樹的形狀和海上的波浪等。這些由很多顏色組成的形體塊狀是藉由腦海中的形象轉換出來，別只仰賴所看到的外觀（表象）的顏色，而是要觀察它所帶來的折射，相信會帶來不曾看過的顏色。 2012 年作品風格多了地景的樣貌，第一次在畫面中試著去呈現平和、靜謐和沉甸甸的感覺，作品從原本色彩強烈的動態感關注到動中有靜的存在。有靈魂之窗之稱的眼睛彷彿重新被開啟，前所未有的嶄新感覺，讓羈絆的壓力瞬間地被釋放。在旅行的洗禮之後，我迫不及待把在旅途上所汲取的大自然元素，投入在畫布上，創作一系列的風景。在繪畫的過程中，延伸的線條劃出了個人所追求的平靜和大面積的平塗顏色，這和之前繪畫的風格有所不同。當只要我注視著作品時，會感受到身體在大自然裡遊走，內心的視覺早已快速地跟隨著風，風的祕密穿越我的眼睛和畫筆，形狀迷離地在現實與夢境之間悄然地出現，色彩迸然地在全白的畫布上展開。

這三幅畫如盧梭筆下書寫的：「我喜歡這種眼睛的重構，在不幸之中這種重構能讓我的精神得到休息、娛樂和緩衝，讓我不再那樣為痛苦所折磨。在很大程度上，是這種萬事萬物的自然屬性幫助我從自己的痛苦中脫出身來，並且使得這份消遣顯得魅力無窮。沁

人的芳香、鮮艷的色彩、雅致的外形，都好像是在爭先恐後地引起
我們的注意。」[*]

---

[*] 　盧梭（Jean-Jacques Rousseau）著，袁筱一譯，《一個孤獨漫步者的遐
　　想》，自由之丘，2011，p.141。

林瑋萱，《點點星光》，130x98x5cm，油畫，2012
長濱小徑上的路燈黃光散發出光暈，和發出白光的小屋在藍黑夜裡，充滿奇幻。

林瑋萱，《海浪上的白灘》，130×98×5cm，油畫，2012

林瑋萱，《紅色的小山坡》，130x98x5cm，油畫，2012
山坡被紅通通的夕陽照成紅色

讓眼睛走向詩意的遠方

　　之後我開始畫一些風景系列的作品，當在觀看風景時覺得看得太清晰，反而感受不到眼前的景象所傳遞的感覺，於是我使用瞇著眼的方式來看風景，發現瞇眼久了產生模糊感，影像周邊開始扭曲，無法識別特定形狀或細節，一片光茫茫的霧散，淡淡地帶來更為抽象、簡化的幾何形狀呈現，而間接影響到顏色的使用，在整體上偏向為粉色、冷色系列的作品。除了正視之外，有玩鬥雞眼、翻白眼、點藥水後眼睛濕潤的經驗，而眼前的景象帶來不同觀看的角度、層次和清晰度的感覺，和所看到的真實景象有所不同。視覺的感官帶來很有趣的經驗，透過尋找身體帶來不一樣的感覺，顛覆我們現在所觀看的景象、顏色。

$\dfrac{1}{2}$

1 . 林瑋萱，《瞇眼—湖山》，46x34cm，油畫，2013

2 . 林瑋萱，《瞇眼—層疊》，41x27cm，油畫，2013

│鐵窗台│

　　在我生活周圍的朋友也都是一群愛好動物的人，我像隻動物般地也被他們的熱情和愛心吸引，有的朋友愛鳥成痴，有的朋友喜歡狗和貓咪。很自然地進入友人的日常生活，總有小鳥在頭上飛來飛去，拉屎掉在我的衣服上；和狗兒玩拔河、你丟我撿的遊戲；與貓咪乾瞪眼等等。在陪伴照顧的過程中，看到他們對動物生命的付出與不悔，感動了我，進而啟發個人生命的深度，或許因為自身是特別的關係，自然地會去關注週遭微小、不甚起眼的人事物，這樣更易將心比心地站在對方的立場上想，即使對象是不會說話的花花草草。

　　我家的陽台有加裝鐵窗，室友在鐵窗平台上種植了一些花草植物。室友非常細心地照顧植物們，通常她待在陽台的時間會很久，藉此觀察植物們的變化，如：收拾好枯掉的葉子、修剪過多的枝葉、適時地給土及施肥，讓根莖能夠吸收營養、長大茁壯，彷彿這些植物是室友的孩子們般。如此有愛地呵護他們，一連串的動作在我看來實在有點太勞心勞力，當下無法體會室友的想法，只知道她非常喜歡那些花花朵朵。有時室友出遠門，幫忙照顧的責任自然落在我身上，早上一心只想著出門上班，無心留意這些植物，經常

因為我的分心，使得原本綠意盎然的景色慢慢地褪色，漸層色的綠色消失，取而代之的是黃色的枯萎。驚覺這個現象的我馬上把注意力拉回到鐵窗台上，檢查各式各樣的植物，給予適當的修剪和澆水，也把底盤多餘的水排掉等等。用心地整理數個小時後，那些看似快死亡的植物似乎在慢慢地甦醒，原本縮捲的葉子，很努力地伸展，垂頭的花朵也慢慢地抬起頭迎向陽光。生命驚奇的展現，重重地敲擊了我的心靈，非常不可思議，他們是如此有生命的植物，默默地挺立軀幹，撐起葉子和花朵，靠著清晨的露珠和水的滋養，慢慢地往上長高、向外延伸，對我們展現他們求生的意識。

　　覺得之前自己對他們疏於照顧，感到愧疚。我開始與植物對話，出門上班前會多留幾十分鐘，在陽台上依照不同的植物需求斟酌給水；怕日曬的植物，會移到陰暗的地方，需要陽光的會放在最上面；週末時也心血來潮地幫他們搬新家，雙手小心翼翼地捧著裸莖，移到大盆子裡安置好，從四邊慢慢撥土到中間，然後慢慢地壓土，讓土壤填充堅實，這樣植物就可以穩固又安心地住下來生根了。日日相處的過程中，植物們都煥然一新，看了非常療癒。現在，每天一大早會習慣跟鐵窗台上的植物們打個招呼，澆過水之後便出門上班，心裡覺得很踏實。植物們用無聲的肢體語言和我進行微妙的互動，我們培養起一種新的默契，慢慢地更喜愛彼此。漸漸地，鐵窗臺上的植物越來越多，宛如一座小花園

般，大小盆、植物掛，皆有其自己的個性，站在一樓外面看過去會發現整座公寓，只有我家的鐵窗上綠意盎然。朋友們看過我的鐵窗台上的植物，紛紛直呼說粗獷的根莖、胖胖的枝幹，跟你長的好像喔！當下聽了覺得還蠻得意的，但我只是放任照顧，也不知道後來為什麼會長這樣呢？難道正如人家說：飼主會和他的狗狗越來越像，我沒想到的是連植物也會。

　　每次早晨，靜靜地坐在客廳看著門窗外，等待白頭翁、小綠繡眼飛來鐵窗台上，喝著花朵的露水和吃掉結滿紅色小果子的數珠珊瑚。我以為牠們怕人，所以不敢驚動，但有一天我站在陽台時，意外地遇見小綠飛來站在窗臺上，似乎好像早已認識了我，也熟悉我家的陽台一樣，當下又驚又喜，感覺很棒！

　　之後待在陽台的時間更多了，像是多了個小天地，每天與他們對話，開始被植物的花朵、葉子本身展現的紋路與奇形怪狀的模樣深深地吸引著，開始想要畫畫他們。近距離看著植物的模樣，將我所看見的植物放大描繪，隱約感受到他們的細微呼吸，一邊想像著植物的靈魂與光合作用下的顏色交融，神奇的氛圍慢慢地從感官轉移到精神裡，帶來溫柔，豐富了心靈與視覺。感受到心靈已跟上視覺同步的變化，從葉子開始到花朵，了解到植物的祕密帶來生活的親近感，在寫生的當下及過程中感到輕鬆自在愉悅。植物與人類長久以來一直處於微妙的共存共榮狀態，一起享用這片土地。

1. 動物布偶在鐵窗台上與花花草草一起曬太陽（攝影／林瑋萱）

2. 陽台上的植物，局部（攝影／林瑋萱）

3. 陽台上的植物，局部（攝影／林瑋萱）

重新與植物連接，感受他們的呼吸。

向陽植物們包覆著一層暖色的光輝，我試著畫出來。

林瑋萱，陽台上的植物，水彩，2011

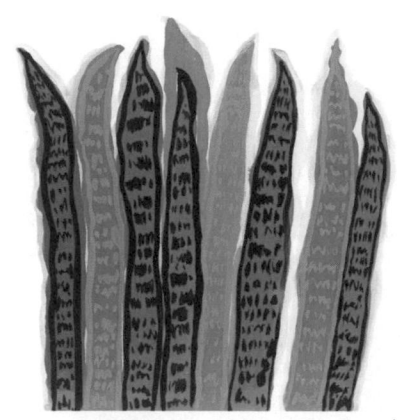

林瑋萱，陽台上的植物，水彩，2011

| 從「寫生」到「寫生命」 |

　　小學的郊外寫生，大家總是有模有樣地把景物畫下來，老師三不五時會來查看你的畫，然後告訴你：「葉子要怎麼畫、太陽要怎麼畫、位置要放那裡……。要綠色就是綠色、要紅色就是紅色，要規規矩矩地安排好，填上屬於它的顏色和位置 。」這就是我小時候「寫生」的記憶。被輸入的「寫生」概念，就是要把眼前所看到的景物，以模仿的形式畫下來，而且要畫得很像，因此寫生的基本技巧，對一個不會畫畫的人來說是一門很討厭的功課啊！沒有寫生的基本功，就少了計算的筆觸和預先的草稿，對於創作形式的發展是很關鍵的一環。但我一直覺得很奇怪，既然是寫「生」，怎麼會有這麼多的公式和規則呢?! 這個「生」不是應該是活生生地、不可預測地且具有強韌的生命力嗎？ 在寫生的時刻是很魔幻的，能隨時隨地都以新的眼光來看平凡的風景也是相當不容易的。我的繪畫總是先跳過初步描繪草稿，直接地在畫布上揮灑，線條和顏色要是不對了，直率地用別的顏色覆蓋上去，重覆性的線條和顏色的形式反而巧妙地發展成了另類的風格。

　　「寫生」開始成為我創作中重要的主軸之一，在 2015 年受法國原生藝術美術館邀請展覽，有機會在法國停留一段時間，並深

入地在文藝之都裡求知。當時有兩間美術館對我印象最深，一間是橘園美術館，場地以寬廣橢圓形的設計，環繞展覽莫內的巨幅睡蓮，帶來視覺上的震撼外，還有難以言喻的滿滿感受到這片睡蓮的生機；另一間為畢卡索美術館，這根本是為他打造的樂園，不僅這棟建築物裡的設計充滿了他的幽默淘氣，更多的自畫像以及肖像畫的作品，所呈現喜怒哀樂的表情和各種角度，很像在跟你說話似，充滿了對話的空間，這展覽空間充滿了情感的張力，深深被吸引。很喜歡看藝術家所畫的自畫像，有著許多的好奇與未知的答案都在畫布裡，表達了藝術家的世界和他人、甚至未來的關係，覺得十分有趣。然而，畫作主題是我最不會的「寫生」和「自畫像」，再次發現這個主題所帶來的無窮魅力。那些不曾感興趣的作品，全面排列在我面前展開，能夠一窺藝術家在那個年代的樣貌。看著精彩的畫作，彷彿戴上了「藝術家之眼」，坐上時光機回到當時作畫的場景，在艱困的環境之下，堅持對繪畫的熱情，只想著要怎麼把眼前的景物畫出來。風景只是一個媒介，真正的境，是隨心而生所畫出來的情感，不只是對自然的描寫，而是對寫生更多層次的感受。

在不斷地畫畫之下，慢慢地建立了擁有自我繪畫的思考模式與風格，現在有了無比的自信，回頭來看待「寫生」的本質與意義及其存在性，並試著去喜歡寫生。莫內說：「試著忘卻你眼前的一

切，不論它是一株樹，或是一片田野；只要想像這兒是一個小方塊的藍，這兒是長方形的粉紅，那兒是長條紋的黃色，並照你認為的去畫便是……。」原來寫生的精髓是依照你自己的直覺，放開地去畫，並保持冒險的好奇心，等到我有了自己繪畫的習性之後，舊的觀念便自然地剝落掉了。

---

* 胡永芬，《黃金時代：印象派三傑莫內、雷諾瓦、梵谷》，閣林國際圖書有限公司，2003，p.15。

林瑋萱，《植物》，壓克力、鐵皮，2016

畫中的日常正是我的生活,貼近它們的嚮往,對生活的平凡與盼望。寫生使我與風景之間越來越親密,也間接影響到個人的個性,讓我感受到內心越來越穩定與平衡。之後我把家裡的風景擴大到郊外的景界,畫筆和本子也放好在健行包裡,一起上山去,也持續畫我親愛的家人和好友們,以及他們觀看我的樣子,把我所見到的風景送給你。

林瑋萱,自畫像,鉛筆,2015

林瑋萱，摯友畫像，鉛筆，2015

3-3

山中有路

| 向山，山轉 |

梅香撲鼻
旭日昇
山中有路

——松尾芭蕉

很喜歡日本詩人芭蕉這首短短的詩，簡單幾個字，勾勒出「山中有路」的畫面，讓人也想踏上那條梅香撲鼻的山中小路。

　　微暗的天空還沒有完全變白，我與好友們正在前往山的路上。清晨的乳白色天空注入清冷的空氣，將我那擅長發熱的手心和手背的溫度鎮緩下來，頓時感到和諧、平靜，伴點鬆軟的感覺。

　　每座山的入口都有著不同歡迎旅人的方式。此行，與我同行的山友們正位於苗栗縣加里山的登山入口，感受到有「小富士山」之稱的加里山俏皮地向我們招手。美國國家公園之父約翰‧繆爾（John Muir）曾說過：「曠野為人生所必需，到山上就像回家一樣。大自然會平復人的創傷，喚起他的歡樂，為肉體與靈魂帶來力量。」我在心裡大喊著：「我回來了！」

　　圍入山，映入眼簾的滿是筆直入雲層的柳杉，非常高聳，為我們遮蔽強烈的日光，平坦舒適的小徑讓我情不自禁地哼起歌來，一路歡唱，隨興地停停走走；看到層層疊疊的大小石頭，索性爬上大石頭的高點，首先看到和對面山頭之間夾著細細一條的風美溪，再望過去，對面山頭垂著小繩子，像是拋出暗號地告訴我們：「在這裡！」放眼望去環顧四周，沒有再看到任何豎立的指示牌，也沒有連接的橋樑。ㄟ，該不會是要我們渡溪跨越過去

吧？眼前的景象完全挑起了我血液裡頭的冒險基因，根本是我最喜歡的挑戰，自告奮勇地舉手要當第一個探路的人。我們以登山杖作為輔助，在潺潺的溪水上預先選好要踩踏的石頭，接著用登山杖一個接一個地橫跨到對岸，如同與夥伴並肩同行般，一起冒險犯難。

在大自然的安排下，感受到內心有一種聲音正在蠢蠢欲動，準備好要迎接未知的探索。在追尋的是什麼？是因為嚮往著冒險？為了尋找自由？還是為了挑戰自我極限？去完成那些不可能的事情？為了追求高度與風景？還是為了尋找那一份萬籟俱寂的孤獨感？這些問號不斷地在山裡迴盪，總是一遍又一遍地問自己，隨著向山的次數越來越多，那些窸窸窣窣的聲音漸漸地更加清晰。

在山裡，我們會因為看見特別的植物，停下腳步，佇留觀賞，一點兒都不受時間的約束。當聽見鳥叫聲，就尋聲找尋鳥兒，這時與我同行的旅伴就會用手指在天空中畫出聲音的軌跡並告訴我，讓我也能用眼睛與他們的聽覺同步追尋鳥的蹤影，也教會我認識這是什麼鳥。有一位山友本身從事木工設計，對這些樹木的名字相當了解，經由她的解說，與我分享這些我所不知道的資訊，他們的知識豐富了我，使「看見」和「聽見」更加地立

體，我也學會了如何分辨。進入雜木林群，濕氣更濃，沿途經過不少的大石壁，四周布滿了青苔，地面更加地陡峭溼滑，不得不借助抓著攀附的樹根才能往前進，時而拉著繩索往上爬，雙腳一上一下攀附著石壁的凹處，交錯的陡坡垂直成九十度，雖然體力被堅毅的石頭隨著硬碰硬的次數增多而耗減，剩下的是靠意志力撐起，抓住繩子把沉重身體往上抬升。一路上雖然喊累，但這些跟土地、石頭和樹根借來的力量，沿路支撐我整個身體的重量，我相信是這些默默的、美善的力量隨時伴隨在我們身邊。當站上山頂，望著眼前飄過的山嵐雲霧，遼闊的山景和美麗的稜線一掃身體的疲憊。原來山路不只是體能訓練的展現，而是與整個原始森林生態的連結，很多時候並不是一意孤行的堅持才是唯一的道路，而是把呼吸藏在這片山林中，身體彷若透明般地隱身在此，變得很輕鬆。很奇怪的是，下山之後就會想再上山，我有點可以理解這個累得半死的活動為什麼這麼吸引人了。

　　這時我也開始關注台灣的山，做了些功課。關於山，褶皺的山貌一一地在眼前展開，充滿了驚奇。有時會情不自禁地出手摘下葉子花朵，後來看到其他的山友也是隨興摘下葉片的行為，像是反射般地看見自己曾有的動作，是一種粗暴的、破壞環境原有風貌的作為，這才讓我意識到這樣不經心的動作也會影響其他人跟著仿效。如同「無痕山林運動」（Leave no Trace，簡稱 LNT）裡

提倡的其中一點，即保持環境原有的風貌，也就是不要擾亂現有的景物和任意摘取植物。我在親近山林的這些原則裡，學習到謙卑自己和與大自然共處，慢慢地減去攜帶沒有必要的物品與設備後再上山，提高環保意識的觀念，進而帶到日常生活裡，發現所有的事情其實都會產生連續效應，息息相關。

向山的照片，2017（攝影／林瑋萱）

| 石鹿的崩毀 |

　　我所居住的城市——新竹市，近郊其實有好多「靠山」的機會，晴朗天光的時候，在新竹市區內稍高一點的地方就可以瞥見遠方的大壩尖山呢！ 在城市居住的我們隔著大氣、灰塵和空氣中無數的微粒眺望遠方的山海時總是充滿浪漫和想像的，撥開層層的透明面紗，大多時候仍是符合想像的，但也有某些時刻則是痛心地跟山一起哭泣。

　　前往霞喀羅古道的路途，沿著 122 縣道的水泥道路緩慢入山，開闊的視野慢慢變成兩旁荒煙蔓草的風景，在野徑裡不停地蜿蜒著，回到山林中非常地愉悅。當正為接近古道而興奮時，沒想到一轉彎，映入眼簾的居然是藍色的大貨車，擋住了古道的入口，而黃色挖土機非常強勢地霸占著坡邊，貪婪地把條條樹幹搬到地上，加上山邊的運輸機器，整個畫面非常突兀，格格不入。

　　我們把車子停在一旁，下了車，看了四周的環境才發現，原來這片最後的土地早已崩毀了。我們只能眼睜睜地看著伐木工人正在忙著把已砍掉的樹幹搬到貨車上，一一地排列並往貨車上方的空間堆高。我的心情頓時像是失去了一些樹木老友般難受，

這樣怵目驚心的畫面，直接衝擊了最深的心底，難過得無法直視被拔掘的樹林，而我聽見了在天空中盤旋的大冠鷲，似乎在為找不到自己的家而哭泣。原本茂密的綠色森林，卻剩下光禿禿的裸土，裸露出被鋸斷的短樹幹，放眼望去像是一堆一堆的墓碑。再往下看去，整個山頭被削掉好一大塊，隱約可以看到好幾處露營場地，毫無隱蔽的功能，當大雨沖刷下來，整個自然生態肯定都會瓦解，真是令人憂心忡忡。變了調的景象是多麼令人傷心，這些大型的機器原本應該是用來幫助蓋房子及修建道路的，此時如同變身為機器怪物般可怕。我們在原地等了十幾分鐘後，大卡車載滿了樹幹要下山，終於騰出空間讓我們的車子前進。我們只能望著他們的離去，那些工人突然一下子就不見了，好像沒有發生什麼事一樣。我們開車緩慢地進入古道的入口，地上堆滿了殘破不堪的樹枝、樹皮以及掉落的樹葉，怎麼也無法帶著輕鬆的心情爬一座山，更往山裡進去，看見還有好幾間伐木工人早已搭好的工寮，驚覺住在山下的我們看不見遙遠天邊上面的森林，是因為早已被商人覬覦很久了。愕然發覺自己生活在自己的舒適圈中，沒有意識到我們正在一一失去共同的大自然及土地，這讓我從此下定決心，不去由樹林開墾成露營地的場所。

親近大自然的方式很多種，決定要以雙腳深入山裡，即使花上四天三夜也願意，在草叢裡紮營。讓我想起幾年前曾經閱讀到一本

書《西雅圖天空》，是我很喜歡的書之一，有篇短文印象非常深刻，是關於一位美國印地安酋長的心靈宣言，他呼求人與人應該和諧相處，種族之間應和平且平等；人與土地要融為一體，每個人都要感受大地的呼吸。過去，因為自身的殘缺，經歷了種種不愉快的對待，認為我們應該默默地忍受，強迫自己應該堅強地消化這些難受的經驗，但看到心靈宣言時，感受到共鳴並放在心裡，或許期許自己在未來的某一天能夠實踐宣言，尊重人權的當下也包括大自然、動物等生命。希望，每個人都多一份同理心，這世界太需要了。

「你怎能把天空、大地的溫馨買下？ 我們不懂。
若空氣失去了新鮮，流水失去了晶瑩，你還能把它買下？
我們紅人，視大地每一方土地為聖潔。
在我們的記憶裏，在我們的生命裏，
每一根晶亮的松板，每一片沙灘，每一撮幽林裏的氣息
每一種引人自省、鳴叫的昆蟲，都是神聖的。
樹液的芳香在林中穿越，也滲透了紅人自亙古以來的記憶。」*

---

* 　西雅圖酋長，《西雅圖的天空》，双月書屋有限公司，1998。

往霞喀羅古道上被砍掉的樹頭，2017（攝影／林瑋萱）

古道小徑非常窄，前方長滿了密密的蘆葦，感覺應該有一段時間沒有人來造訪此地。我們整裡好簡單的行裝，在石鹿登山口進入，沿路平坦好走，柳杉夾道迎賓，令人心神氣爽，一掃之前不愉快的情緒，把憤怒、憂傷寄託於風中飄走。霞喀羅國家步道的路上可以看見日治時期修築並留下的駐在所、紀念碑、土牆及砲台遺址，電線竿在樹林中頑強地屹立不倒，企圖讓我們看見歷史的存在。在解說牌的介紹之下，加上在地的斑駁遺跡能感受到歷史古道背後的許多故事，不禁想像這條古道當時一定很熱鬧吧。走到祕境裡，很少見到這麼廣闊的草地，前面的路因風雨損壞無法前進，被倒塌的樹幹布滿延伸著樹藤、東歪西倒的樹枝和苔蘚與矮小植物形成的「地毯」像是一個神祕小天地，被如此濃密厚重的綠意四面包圍，讓我覺得自己闖入了一個不屬於人類的地方，而不自覺地謙卑了起來。

同行的友人提議我們來為這次的古道之旅做個作品，送給大地。我們沿著小徑一邊走路、一邊撿拾掉落在土地上的植物，於沿途找到一塊平台，把深紅色的楓葉、金黃色的樹葉、淡綠色的藤葉、灰色的小石子、咖啡色松果和樹枝乾葉，將他們擺成曼陀羅的圖案，然後我們手牽手圍成一個圓，一起祈禱，希望能把祝福的意念送給霞喀羅的森林精靈們，相信友善與祝福的動作會為山林帶來最深切的呼喚，同時也撫平我們心裡的難過。隨後，大

家很有默契地安靜分散，尋找屬於自己的山林角落。我在這裡寫生，靜靜地描繪山林的樣貌。

　　我們決定回去後要把所見到的情況，告知親朋好友們，希望傳遞我們所「看到」的訊息，並希望這些訊息能為這片土地帶來改變的契機。

被削掉的山景，2017（攝影／林瑋萱）

1
―――
2｜3

1. 霞喀羅內境，2017，（攝影／同行山友）
2. 《祈福曼陀羅》，植物，2017（攝影／林瑋萱）
3. 《祈福曼陀羅》，植物，2017（攝影／林瑋萱）

林瑋萱，寫生，紙、鉛筆，2017

3-4
通往色彩的大山和大海

| 萬里・飛翔 |

　　我的人生裡還有太多的夢想，需要義無反顧地衝，雖然已經過了青春的年紀，但還有熱血呢！

一直有各種戶外運動的夢想，像是溯溪、泛舟和獨木舟之類的，不過一直都沒有機會成行。2006 年在臉書上看到社團的飛行傘體驗的活動和照片，看起來很棒很好玩，引起了我蠢蠢欲動的好奇心，於是約了好友們報名參加萬里飛行傘的活動。我從台北搭乘巴士前往萬里，看著窗外，早上下過小雨，路面上濕濕的。不禁擔心萬一墜落的話該怎麼辦，滿腦子都是可怕的念頭，心中忍不住默念禱告起來。

教練把我們帶到一個平台的高點上，可以遠望基隆嶼，基隆嶼佇立在海中央，偶有一、兩條小船經過，兩旁當風的位置，插著兩個紅白相間的風向袋，像是紅綠燈一樣，要看它的風向才能飛。穿好裝備，背後有個吊帶布，是乘坐的地方，扣好胸前，兩腳各一環扣大腿，左右各一的環扣再扣緊，與飛行傘緊密連結後戴上符合頭型大小的安全帽，避免被吹走或者砸到後面的教練。我們站在斜斜的平台上排隊，等待著被認領，看他們怎麼飛，教練好像會以人的性別、身材大小來篩選，猜想可能跟重力平衡有關。我被比我高一個頭、身材粗壯、戴著墨鏡且看起來很資深的教練點到名，叫我跟著他。他說最理想又安全的飛行方向就是海邊，而完美降落的地點則在沙灘上，降落時比較不會受傷，教練有如機長般帶著滿滿的自信又堅定的口吻說著，著實令人放心。

看見老鷹在天空上盤旋時，我相信這是守護神的化身來守護飛行平安，給了我一顆強力的定心丸。等待時，做了鬆筋和扭肩的暖身，企圖試著讓自己的身體放鬆，避免硬碰撞帶來受傷。工作人員在傘翼之下穿梭，整理好傘翼，讓空氣灌進裡面，由下往上推擠的「升力」，速度愈快，升力也就愈大，此時再加上助跑發射的作力，飛行組員一組接著一組順著風的安排，永遠不知道謎樣的風會把我們吹到那裡，四處飛往不同的方向，前面的一組發生偏離方向的狀況，還好教練反應快即時煞住，緊急掉在崖邊草坪上，若再飛遠點就會墜落，也有其他的飛行傘被頑皮的風吹向另一邊樹叢，盤旋在上方繞圈圈，看得驚聲尖叫，實在令人捏一把冷汗。雖然教練最後可以在高空下快狠準地往目標地降落，並以完美的弧線抵達，英姿風發，但學員著落的姿勢卻千姿百態，有些人以屁股直接當煞車著地，脊椎瞬間被壓擠，也有些因重心不穩翻滾了好幾遍，也有人雙膝跪著地……等等，事實上降落的確比起飛還來得不容易啊！

　　教練似乎聽見了我心中的吶喊，很努力跟風借助力量，把我帶往海洋的方向，如願地在海面上鳥瞰，所有的立體建築物瞬間變成扁平狀，成點、線、面的分布，原本緊蹦的身體才豁然放鬆，似乎忘記了自己害怕的懼高症。噢！「翱翔」的感覺原來是輕盈的，隨著海面上徐徐的風，非常舒服自在，即使背後有教練在，仍感受

不到重量。很快地，隨即迴轉，往著綿延的米色沙灘方向飛去，緩緩地正準備降下，柔軟的沙土減緩了飛降下來的重力與速度，但雙腳還是追不上它的節奏，反而向前被推了好幾步，直到穩穩站定好才煞得住！當一踏在沙灘上，心裡感覺非常踏實，篤定地相信自己的決定，並克服了自己的害怕，完成個人生命中的一次冒險。同行前往的朋友們，只有我在沙灘上降落，是幸運，也是教練厲害的技術，更謝謝柔軟的沙土接住我。

高空　俯瞰

為了真實地眼見　俯瞰大地
必須要克服懼高症
因為　我知道
只有在這樣的高度界線，才能看見如此的樣貌
心中的聲音不斷地迴盪著

直到飛行傘的畫面出現
去吧～飛吧～　聲音又再次響起
打破畫布的空間
教練說要跑，要奮力地跑啊！
當我們衝往時，身體被巨大的風拉扯
阻力把我往平台內推
時間瞬間被壓縮，
隨即，腳下頓失重心，往下看原來已離地了
突然急速地往下墜五公分，比六福村的大怒神還變幻莫測

你永遠不知道氣流將會帶你到何處
唯一相信的是隨它上升與下降
眼前一片空白

化為一隻白色的胖鳥

剩下的是　聽見心跳強烈的撲通聲
身心在短時間內受巨大的刺激
滿腦子擔心繩子會不會突然斷裂
雙手只能緊緊地握著尼龍繩
滿心祈禱自己的手擁有萬能膠帶的神力
只要抓住就不會斷
飛向一片光茫茫的海天
緩緩地朝向遼闊的海洋
風　給了我一個高度
海面的波紋、海濤的顏色
漁船的形狀、海裡的島嶼
點、點、塊、塊的渺小
有趣又鮮明

越過「高度」即是「超越」
克服那雙腳發抖的恐懼
在心裡打勾
舉手歡呼
完成了

萬里飛行，2016（攝影／林瑋萱）

盤旋，萬里，2016（攝影／林瑋萱）

林瑋萱，《小徑—1》，52×37.5cm，素描、蠟筆，2016

| 太平洋上的獨木舟 |

　　小時候在南庄老家和表兄妹一起到橋下的溪水旁，那裏有個天然的大石頭形成的跳水平台，高高的平台下是一片深水域。哥哥們總是率先一躍而下，然後從從容容地游到岸邊。聽哥哥們說這一塊水域非常深，跳下去後要馬上游到對岸，讓沒有跳水過的我緊張萬分，但小孩子的我，好奇心強過恐懼，不知道害怕，也不知道天高地厚。我站在平台上往下瞄，沒有很高，一鼓作氣地奮力一跳，感受到我的重力加上速度大於時間，雙腳觸碰到溪底的石頭，痛得讓我本能地往上打水，露出水面倉促地吸了一口氣，感覺到溪流的湍急包圍著我，非常深又冰冷，似乎要把我捲走，直面霎那的生死瞬間，記憶頑強。總是玩過後才知道，原來任何運動都有它的技巧，之後，就能放鬆地再跳下水幾次，玩得不亦樂乎。

　　長大後，不知道天高地厚的玩心被妥善地收在口袋裡。看著身邊的朋友們一一參加泛舟、溯溪和獨木舟等等一些海上運動，煞是羨慕，懷念的是那未經磨煉的勇氣（傻氣）。

　　騎車環島經過清水斷崖，深深地對海岸的曲線、彎形的白浪和斷崖的景象著迷，心想有沒有可能再靠近點呢？

終於在 2017 年報名清水斷崖下划獨木舟的水上活動，選擇在日出破曉時刻前，划向黎明。划獨木舟是非常棒的探險，也是一個夢想，雖然海洋太遼闊，像天空一樣，令人畏懼，但我相信人與大自然是和平共存的。清晨四點天還未亮，我與旅伴騎車前往崇德海灘，海灘上有一面是非常高的山壁，石頭堆積得非常雄壯。崇德海灘的日出非常美，半圓形的太陽從海平線上緩緩升起，光線四射發出橘色和藍色的融合，漸層的顏色暈染了海平面，很像芬達蘇打口味的雪糕，多麼地可愛。

日出，2017（攝影／林瑋萱）

從海灘這端到清水斷崖那端，約有四小時的海程，當下覺得好遠，不知道體力是否有辦法支撐到那裡？還好在出發前有吃點早餐。教練指導我們划槳的動作，雖然不是聽得很清楚他在說什麼，但覺得很熟悉，應該是被國家探索頻道的影響，早在心裡反覆模擬過許多次。在教練的協助下，我們非常熟練地跳進舟裡，很有默契地划著槳以左右規律的姿態向前，直到達安全的海域，才開始放慢速度。太平洋的海浪非常平穩，暢快地划著非常愜意。日出的顏色慢慢地轉為橘紅色，顏色是那麼地強烈，茫茫的霧氣也隨之烘乾消失，紅藍相間的分明，海平線的線條更為清晰，這是夏天！在四小時的海程裡，整個興奮的心情始終不減，一點也不疲倦，深深覺得自己是一個非常適合划舟的人，懷想著希望有一天能夠在湖中划船、釣魚。

　　終於划到夢寐以求的清水斷崖，並近距離與它面對面，非常雀躍，終於來到這裡，往上看，非常壯麗，五顏六色的小車子川流不息，別人迫不及待地跳入海裡，撲通的聲響敲醒了我，也毫不猶豫地跟著躍進太平洋的藍綠海水裡，海水浸濕了雙眼，斷崖也產生朦朧般的夢幻，鄰鄰波光反射到山壁上閃閃跳跳的，十分炫迷。有救生衣在身，讓我在海裡什麼都不怕似的，像魚一樣自由自在地四處游水。

太平洋，2017（攝影／方思雯）

　　無論在大山裡走踏、天空裡飛翔或在海裡游泳，都在迎向未知和面對自己的缺乏，但不為此而退卻，反而躍躍欲試，期待遇見並面對嶄新的人事物，能深入地認識自己。在旅行裡經歷過的事情以及和自己獨處的時間，發現了更多的自己，也更幫助我越過障礙地而更接近了自己。

清水斷崖

海面上的薄霧
和諧、平緩地流動
像在沉睡中的呼吸間奏

脫掉鞋子
赤腳鑽進冰冷的沙子裡

靜靜地感受
似乎得到了什麼

沙灘上的不安分
騷動了浪
隨著日出的引力
慢慢地甦醒
小浪的節奏來了
小波、大波接著跟上

趕上海平線的日出未上升

等待著下一波的浪
拉著獨木舟
衝往海面搭上浪潮，
讓浪潮把我帶到一個點

凝視著遠方
似乎被海潮吸過去
雙手擺動一前一後的划槳
不知不覺偏離了安全的海線

被海鷗警告危險，催返回

土灰色高聳的堅石　取代
沿岸沙灘的風景
不同的場景
真是令人興奮
時而划著前進
時而停下來
隨著浪載浮載沉
讓海水流過

被太陽照射發燙的皮膚
冷與熱的交織
溫度非常愜意

抬頭往上看
老鷹在天空上盤旋
也是來保護我
而 我是那麼地微小
擁有此刻
在舟裡躺著
靜靜地仰望著斷崖
時間彷彿靜止
非常地安靜

置身於天地之間
贈與　我
各種各樣的思考

喜歡待在戶外，爬上長滿青苔的石頭，特愛踏上雜草叢生的野徑，豎立在崖邊遙望遠方和海平面，這些帶有一點探險意味的戶外活動是我最喜歡的天然遊樂場。隨著每一次的到訪，我會用畫筆紀錄下來，畫的時間不定。畫畫時的感覺隨著環境和季節的變換，畫出來的樣貌也多半超乎個人的想像。

日出，2017（攝影／林瑋萱）

林瑋萱，《寫生－1》，紙、鉛筆，2017

林瑋萱，《寫生—2》，紙、鉛筆，2017

chapter

4

傾聽聲音之外

4-1

獨特的調調

| 我是外國人 |

從小到大很常被詢問：「你是從那裡來的？」這句話至今聽了不下幾千遍吧，我的聲音總讓他們以為我是「華僑」。

外國人的腔調伴隨我在日常的生活裡與人們之間產生不少衝突又溫馨的對話。每次到店家買東西，有些店員會親切地詢問需不需

要服務，當對方一聽見我跟他們的腔調不同，便會貼心地放慢說話的速度，讓我可以聽懂對方的意思且應答，「順暢」的交流直讓我覺得有點不可思議。雖然那個當下對方總誤以為我是從國外回來台灣的華僑或是日本人，當美麗的誤會正發酵時，前一秒還是個陌生人，後一秒對方會很好奇又熱情地把溫暖的人情味傳遞給我，一瞬間升格 VIP 的待遇，真是受寵若驚啊！身分的轉換讓距離拉近了，似乎打開更多交談的可能性，但這些看似簡單、平常的對話，有時讓我感受到生活在環境裡的美好溫暖與潛藏的壓力。

還記得 K 商店的店員臉上表情彷彿在期待著我說出他想聽的話，只好善意地騙說我是「華僑」，反而激起了他的好奇心，更進一步追問我是哪一個國家呢？（此時此刻，我心裡正在展開世界地圖，在想著要選哪一個城市呢？）「洛杉磯！」引起對方一陣羨慕的聲音，我看著這詭異的畫面，為什麼好像從來沒有想過站在他們面前的人，是一個「聽不見」的人呢？是不是對聽障的概念有誤會呢？認為聽障是啞巴呢？對方態度非常友善，配合著我嘴型慢慢地說話，努力地使出比手畫腳，或是把我當成英文練習的對象，甚至會多給點東西……。善良是一種選擇，但有些情況是在以自我為中心的環境裡製造出來的。

聽不見的殘缺在身體器官中是最顯微且隱蔽性的徵狀之一，在

外觀下很難被人察覺，與一般人沒有什麼不同，卻是最常發生令人尷尬和誤會的狀況。我通常一開始不會先表明自己聽障的身分，我偏好從人的臉部語言來觀察人們好奇與納悶的表情。我常想，人與人之間的界線，應該是能透過各種的溝通並敞開心來的，一種心與心的交談。我很欣賞尼泊爾式的打招呼，首先將雙手合十，嘴角上揚地輕聲說：「Namaste.」意思是說「我心中的神向您內心中的神打招呼」！就好比我們的心室這時沿著滑軌推出一道門，在遇到他人的時候，打開心門跟另一扇心門問安。若搬出「身心障礙」的名牌來，反而限制人的想像，像是先給了一張標籤或說明書，應聲切斷與人之間溝通互動的可能性。當我表明「我聽不到」的這句話時，看到對方顯露出尷尬的表情，馬上和我草草結束對話，當下我也只覺得抱歉，想趕快離開。心情一瞬間從天堂跌入地獄裡，重重地摔在地上，狠狠地絆了腳，痛得不斷提醒自己是社會上的邊緣人，無法融入現實的環境。這樣永劫不復的場景不知循環地跌了多少次，只是挫折沒有讓我麻痺，反而還得面對令人沮喪的一天。

很羨慕一般人輕鬆地從店員口中聽到他自己想要知道的相關資訊，我只能從表面獲得簡短訊息，想要和一般人隨興聊聊天，像是聊一下水果的產地、產品的資訊等等。心中不免悻悻地浮起心音：「算了！我就是聽不見，無法用很清楚的話語來表達！」後來每次只要去有店員的商店，會刻意避開店員的眼神，想要趕快買好，不

想讓他們發現我那和一般人不一樣的腔調。自信不夠就會掉進一股假性追求社會潮流的氛圍裡，成為他們想像中的畫面，失去自己的樣子。向他人展現偽裝健康的自己，心中卻無法獲得真正的自由。

　　厭倦了這樣的生活情景，也無法影響他們的思維，那就改變自己吧，就是接受使用自己的聲音繼續生活。起初，想像自己是住在台灣的華僑，扮演幾個不同國籍的身分且變換使用，折衷的方式是可以化解在生活上所遇到無奈又尷尬的小插曲，又可以讓自己優雅地離開。既然像是外國人的口音，那就既來之則安之。後來，這樣想著，原本沉重的心情開始慢慢地輕鬆起來。隱瞞實情雖然是不好的行為，但若能化解我在社會上所遇見的失衡狀況，也能稍稍地釋懷。當然我也不想要到處隱瞞自己的身分，我會依著店家給我的感覺是什麼，若感受到對方的善良，會毫不猶豫地直接表明自己聽不見的身分，感動的是對方並沒有因為知道之後而態度前後不一致，反而投出更多的微笑。透過自在相處的細微方式，找到可以理解我的需要，進而想和對方進一步的交流。心中慢慢堆積了固定幾家小店的名單，熟識的老闆、彼此聽懂的聲音和默契的打招呼方式，在店裡感到自在和尊重的空間；在對話過程中，不會擔心自己有沒有聽錯，或者對方誤解我的意思而產生誤會。說話的聲音是一個身分，若社會沒辦法在短期內改變，那麼我會嘗試透過自己的力量，從周圍的人影響起，改變我身處的環境，主動出擊先跟別人打

招呼，表明自己聽不見。無論如何，生活還是要找到自己最舒服的方式，去創造人與人雙向的交流環境，這也是很重要的生活經驗。

｜ 隆師傅的鹽酥雞 ｜

在還沒有搬家之前，住家附近有一家是我常去的鹽酥雞店，不僅炸物好吃，更喜歡的是有老闆娘在的營業日。老闆娘的臉頰兩側有淺淺的酒窩，夾帶著爽朗的笑容，聲音未到，先送來微笑，像溫暖的陽光，把我的社交恐懼症一掃而光，在她面前感到很自在，可以輕鬆地對話。每次去店裡，老闆娘不管有多忙，會放下手邊雜務交給其他人接手，直接面對我，很像她懂得我需要的是「面對面說話」，唯有這樣我才能確定對方知道我的意思。平日即使路過店鋪，老闆娘和我也會相視點頭微笑。雨果說：「有一種東西，比我們的面貌更像我們，那便是我們的表情；還有另外一種東西，比表情更像我們，那便是我們的微笑。」[*]食物袋裡總是被多塞一兩串炸物，剛開始心裡想老闆娘是不是太忙了，不小心放錯了袋子呢？但怎麼每次都會附上多給的食材，

---

[*] 林郁，《雨果語錄》，新浪潮文化，2009。

漸漸地確定這是老闆娘的心意，平常的人事物經過了她，變得很正面。

老闆娘俏皮地使出右手在嘴巴面前搧動的手勢，在問說：「要不要辣？」她有趣的表情，讓人會心一笑，無聲的默契似乎在告訴我，她知道我是聽不見呢?! 我想這答案也許不再那麼地重要了，至少在他們面前，我不需要再偽裝是外國人。我想要向她學習，把真誠的微笑與誠摯的眼神繼續傳遞給陌生人。搬家後，心裡總是會惦記著賣鹽酥雞的老闆娘，即使很久沒見面，也要厚臉皮地繞過去打招呼，她一見到我就說：「好久沒有看到你了！」簡單的問候，讓我心底湧上暖流，至今仍覺得感動。

4-2
母語

| 啟聰班和普通班 |

　　還沒有接觸手語之前，我的母語是中文，以口語發聲與家人、外界進行溝通。在 80 年代，手語文化還不被重視，一般人、甚至我的父母，對手語的定義存在著很大的質疑。父母眼看女兒即將從惠美語言中心畢業，也很希望口語訓練能夠延伸到社會上，融入人群裡「正常」說話，當時他們憂心忡忡地替我煩惱未

來要讀那間學校，四處奔波打聽著台北、新竹哪間學校不錯，知道新竹市有一間北門國小設有啟聰班，專門招收聽障學生，以手語和口語的雙語方式進行國民教育。父母期望我能先在普通班上課適應，特別去找特教老師、普通班老師和學校共同討論我的教育。最後決定安排我和小薇（我的聽障同學）先在普通班念書，只有國文、數學這兩堂課因課程複雜，需要再回到啟聰班上第二次的課，補習加強不足的部分。

事隔多年後，回憶當時教育環境缺乏資源，父母和老師們為我花了很長的時間排除萬難，克服許多不可能的事情。啟聰班教室在我的教室斜對面，中間是操場，有點遠，會經過爬桿的遊戲設施，貪玩的我總是會多逗留一會兒，雙手快速地抓住上桿，雙腳像蛇一樣緊緊地攀住，奮力地爬上去然後用手攀到底，再滑下去，要有玩到的感覺，才肯心滿意足地離開走進矮棟建築物。上二樓的長廊走到盡頭，就是一間小小的教室，班上同學包括我只有十二位，桌椅散開排列成半弧狀，黑板上的白色字體永遠滿滿的，是為了要訓練加強我們對字彙的記憶。在啟聰班和老師、同學們比著「手語」溝通，另外在普通班則使用「口語」，在兩間教室之間穿梭，自己如同海綿一般不斷地吸收、學習著不同的語言。媽媽回憶說我小時候不用媽媽催，會自動自發地寫作業，因此經過老師們的評估，認為不用再回去複習，之後就漸漸地少去

啟聰班了，一旦離開了手語的環境，再度回到此地反而只能站在一旁，看著他們比手語聊天，感到陌生，覺得自己好像不是屬於他們這一個圈子的。

　　帶著困惑回到我所唸的普通班，班上有五十多位同學，我的成績排在後面，但不覺得有壓力；反倒覺得自己像是一顆種子，在老師愛的園地裡長大，受到細心灌溉的照顧及教育。老師用心良苦地要讓大家了解我聽不見在學習上的困難與障礙，並讓我們不分彼此融入一起，周圍有好同學們，一起聊天、到福利社買東西、寫作業等等在社交上與一般同學無異，從不覺得自己處在很奇怪的世界裡，直到後來出現使出惡作劇的同學，我才看到在社會上除了美好溫暖的同層之外，還有層層現實的嘲笑和歧視，他們帶著誇張的表情和模仿我的口音，在嘻笑的氛圍下，看起來似乎很好玩，當時我並不明白這是什麼意思，直到身邊同學憤怒地回罵對方，衝突的畫面直接地讓我明白了，知道自己和他們的聲音原來不同。同學雖叫我不要理他們，但這畫面卻深深地烙印在腦海裡，好長一段時間困惑著自己和一般人的聲音究竟有什麼不一樣？沒有問同學，更沒有把這件事告訴家人，一直不明白並質疑自己，逐漸地為我的聲音感到自卑，講話的音量越來越小聲，甚至完全不想發出聲音。這時想起了手語，親切地召喚我回去那個不用擔心被笑的地

方，即使被嘲笑、欺負，也很快地可以被愛消弭。

　　我的成長花了許多時間在找尋自己的容身之處——一個認同自己的地方。小時候在不同的環境下成長，是一個充滿困惑與衝突感的語言世界，有一部分的我不斷被拉回聾人的無聲世界，另一部分的我則努力跨步，奮力向上到更寬廣的有聲世界，這一段擺盪於無聲和有聲世界之間的路程，遠比希臘神話故事中的英雄奧德賽（Odysseus）回家之路還要更遙遠，也許我得花一輩子的時間去走。

| 聆聽的眼睛—— 享受手語的視聽 |

　　高中的時候，我和聾人朋友在公共場合比手語交談時，感覺到四面八方投來奇怪的眼神，在意別人的眼光使得我渾身不自在，竟對一起比手語的朋友產生了嫌棄，讓我不想和他們站在一起比手語，那是令人尷尬的處境，覺得這樣的手語要在私下才能比出來。

　　手語曾經是我不喜歡的語言，不喜歡它使用的方式，那對拘謹的我來說，是強迫展開肢體和笨拙雙手做出表達，是令人困窘

的事。我曾經站在鏡子面前看著比手畫腳的自己，感覺那個人不是我。

　　一直到在 1998 年考上國立台灣藝術大學，才開啟了我的新視界。這是一所台灣招生聽障生名額最多的大專院校，無論在輔導室、走廊和福利社，總是看到一群聽障的學長姊們在人群裡比著手語交談，那份毫不在意別人投來好奇注目的自在神情，在他們身上看到了自由和真實，一個精神的象徵，似乎向全世界宣告這是無聲的世界；我們存在，有自己的語言、思想和文化，在藝術無疆界的校園裡自由飛翔。在有聲音的陌生國度，擴張到聾人世界的風景，對手語充滿渴望，一切對我來說都是新的，開始用眼睛去聆聽手語，慢慢地伸開了雙手，參與聾友們所營造的小宇宙，找到不再畏縮的自己。

　　手語藉著我們的手、臉及肢體語言把訊息傳達至對方的眼中，表情的表現更為重要，光是使用臉部並輔以簡單的手部動作，就足以表達出快樂、驚訝、生氣、厭惡、悲傷、害怕、輕視等等情緒。不論模仿各種動物或任何物品，都能活生生地跳出來在眼前，非常生動且令人目不轉睛，直接感受到聾人表演欲的情感，宛如是天生的表演家。視覺帶來的聲響，遠遠比有聲音更有張力，直接衝擊了沉默的心靈，原本僵硬的肢體和表情的感官，再度燃起

韻律動起來；說不出話來的聲音，在比手畫腳之下用力地被釋放出來，所有的喜怒哀樂情感直接體現，這些情緒有如匯聚的小溪流，渴望找到出海口般地傾洩出來。

約在某個地方集合見面
遠遠的看見双手在空中不停的飛舞
周圍安靜的空氣一下子
騷動了起來，彷彿在注目他們
一樣，我的眼神也追著
他們的方向走去

起初以為學來簡單的「手語」可以打遍天下，直到在聾人朋友圈子裡，才發現自己原來看不懂他們手語的語言，當下錯愕，這是

怎麼一回事呢？接下來在手語對話的場合，我像霧裡看花一樣，只能不斷地猜測他人表達的意思，在詢問及別人幫忙翻譯之下，才知道這些手語代表的意涵。小時候來不及參與聾人的圈子，步入青年的我開始有強烈的同儕感，想要與他們在一起，融入聾人文化裡，也決定要好好來學習正式的手語。

手語分成「自然手語」和「文字手語」。「自然手語」是視覺型語言，透過肢體去形塑出來的物像，強調它本身的意思，是早期所使用的經典版本；「文字手語」是後來因應教育環境演變發展，依照中文的一字一字比出來。我現在所使用的是文字手語，除了記熟手語單字之外，此時「想像」也要跟著一起組合畫面，舉例來說：去了一家牛排餐廳，「點了一份牛排」、「聞起來好香喔」、「味道好美味」的情境，試著引起身體五感的記憶去練習，讓手語帶動身體去表達。剛開始滿腦子只想著「不知道手語這樣比是不是正確的？」反而被干擾了，導致話語和動作卡住的情況，在不熟悉的手勢之下，要一氣呵成比出完整手語，這並不是容易的事……。在大學四年裡不斷地學習，使用手語的字彙越來越多，肢體也隨著臉部表情有了更多豐富的層次，我看見了自己比手語的肢體動作也愈發自在了。

| 手語翻譯暨聽打服務 |

　　台灣推動無障礙環境的建構已有三十餘年，社會所築起的障礙高牆慢慢地被敲開、剷平。除了公共設施之外，擴充到交通工具、人行環境、活動場所等，已逐步朝向落實友善生活環境的目標邁進。身心障礙聯盟強調「為了使身心障礙者在與其他人平等的基礎上，可以獨立生活與充分參與生活各層面，無障礙環境的建構絕對是基礎必要條件。」是的，我們所遇到的障礙不是身體上的殘缺，而是社會。

　　還沒有擁有話語權的意識之前，對手語翻譯的需求沒有這麼高。因此在對話的場合中，只要努力跟上對方的嘴唇，若不行再想盡辦法，有達到溝通就好，但每次溝通完之後就覺得眼睛很疲累，又擔心溝通的過程中有落差而產生很多的不確定感，還得需要回想整理對話的內容，深怕誤會彼此的意思。

　　聾人的第三個耳朵「手語翻譯暨聽打服務」在時間性與需求性上不斷地調整，以及培訓更多人才以擴大服務，體貼滿足聾人資訊上的需求，藉由手語翻譯或聽打服務構築零障礙的環境，讓聽人與聾人們能夠直接面對面交流，獲得充分的瞭解，讓聾人更有參與社

會的感覺，彼此相互交往、分享和建立關係。說話，是沒有形體的聲音，透過手語翻譯員的解釋，那些聲音就會化成有形的事物，讓我們獲得想像與了解。聽打服務主要是透過「聽打員」的協助，將現場任何的聲音轉化成文字，輸出在螢幕上，讓聾人可以一目了然地知道聽人在說些什麼。而我自從加入聾人協會[*]之後，不論參與各種大小活動的場合，都有手語翻譯暨聽打服務員在，很能融入現場環境，有一股安心及踏實的真實感，收穫甚多！告訴自己要大方地善用這樣的資源，不再勉強自己去挑戰自身障礙的底限到那裡，深深地感悟到手語翻譯暨聽打服務的重要性。

每次去美術館看展覽，只能從牆上作品卡的解說，獲得淺薄的資訊，無法滿足個人對藝術家的好奇，藝術家創作時的想法和心情是什麼呢？很羨慕那些手持語音導覽機還有帶著耳機看作品的人，

---

[*]　註：1971年底由一群就讀台灣各大專院校的聾人，為了聯繫感情、拉近距離，協商成立「大專聾生聯誼會」，而後擴大範圍，更名為「大專聾友聯誼會」。1978年十月，眾人鑑於社會對聾人之種種誤解因而加諸的不合理限制，認為有必要藉由普及手語，來協助聾人與聽人溝通，乃發起「中華民國聾人手語研究會」，依法向內政部登記，並成立聾劇團、手語俱樂部、手語訓練班等組織。至1990年，為圖更上層樓，謀求聾人福祉，提昇聾人地位，服務全國聾胞，而有今天核准更名「中華民國聾人協會」的誕生。1993年，向台北法院完成設立社團法人立案，中文名稱為「手語之家」。「手家」的由來是因為前身是手語俱樂部，在網路尚未發達的年代，大家相約去手家聊天，所以手家就像是他們的第二個家。

像是有小精靈在他耳邊悄悄話、說著藝術家的祕密一樣，這樣的畫面令我非常好奇小小的機器究竟說了什麼故事？直到手語翻譯走進我的人生當第三個耳朵，有如獲至寶的感覺，手語導覽帶領我進入作品裡神遊，讓我得以窺看藝術家的祕密，這是件最開心的事。手語翻譯員因工作的關係常接觸到聾人，相對懂得聾人的立場和需求，在翻譯的過程中會觀察我們的表情，只要我們臉上出現「看不懂」的困惑樣子，就會想辦法讓我們更了解。

後來這幾年聾人協會、政府和各界企業積極地宣導，讓故宮、美術館等一些相關藝文機關推動友善平權服務，舉辦作品導覽、講座等活動時，皆安排手語翻譯和聽打服務，並發展出幾種不同類型的手語導覽服務模式，除了以導覽人員與手譯員攜手合作的方式外，還有邀請藝術家親身參與專家導覽以及聾人導覽的靜觀展覽模式，以更貼近聾文化的方式提供最適切的客製化服務，滿足聾人們身心靈和藝術精神上的追求。

近來參加國立台灣美術館（以下簡稱國美館）所舉辦的一場藝術家座談會活動，雖然知道他們有安排手語翻譯，但我想要認識更多的文字，這些比較是手語無法提供完整資訊的部分，特別向國美館反映我想要有聽打服務的安排，之後收到對方的回信說他們會安排手語翻譯，手語老師也會攜帶聽寫版，當有較困難的專有名詞時

會寫在聽寫版上。在這次的過程經驗中，感受到手語雖然帶來即時性的視覺閱讀，協助我看懂，但總覺得看完後就忘記背後的意思是什麼，像是過眼雲煙一樣。我需要更多確定、存在性的字詞，這樣一來，在跟對方分享想法時，才能夠扎實地完整表達句子，進而與他人情緒產生共鳴，而不是不知道該使用什麼字詞，致使中間留下空格。當手語翻譯員知道我的想法後，覺得這樣很好，要我下次再申請聽打時，更清楚地表達自己的需求，讓對方感受到你對新資訊的強烈渴求，這樣才能申請到想要的聽打服務。

聽打像是活的書本，當螢幕上出現「專有名詞」、「優美的字彙」，能讓我細細品嘗文字裡的情感，而手語帶來的則是視覺型的快速閱讀，使得在當下可能會來不及享受字句的含義，也常怕微眨一下眼就會錯過手勢，相較之下，聽打較可以讓我同步跟上講者交流的內容，輕鬆地在螢幕上閱讀文字，暢行無礙，充分地感受到自己完全融入在會場裡。

不論是手語翻譯或聽打服務，都是可以依照你最舒服的方式，自由地選擇任何適當的溝通橋樑。最重要的是，珍惜這份來得不易的資源，感謝所有人的幫忙，沒有前輩聾人們的爭取，我們也不會這麼勇敢地使用聾人的權利。

4-3

穿越聲波

|「聲價」有多高？|

　　我印象非常深刻地記得，高一教授國文的陳老師是一位非常嚴格的長者，當陳老師知道我和小琪聽不見的狀況，就跟班上同學們說，以後上他的國文課之前，全班同學要先幫我們複習課文。老師語重心長地說：「瑋萱、小琪，一定要練習唸課文，不唸的話，就真的以後都不會唸了。」這句話刺激了我，大家也犧牲午睡的時

間，輪流教我們複習，要把文言文翻成白話文還真的有難度。某次上國文課時，心裡想說老師應該不會這麼巧點到我 15 號吧（我當時的學號是 15 號）?! 當被老師點到號碼時，全班頓時陷入一片安靜，這不是在跟我開玩笑吧！但也只能硬著頭皮在眾目睽睽之下走到講台上，發出咬字不清楚的聲音，等於要把自己的缺陷攤在大家面前，實在很沒有安全感。緊張到唇齒間發抖著朗讀一段古文，但老師仍耐心地坐在一旁聽我說，不時看前方的同學點點頭，給了我一劑強心針，慢慢地安撫了急促的心跳，只是當下還是很想要趕快把它講完。

後來老師接著說，我們以後要坐到前排來。（為什麼要強迫我和一般人一樣呢？在聽力、口語上無論多麼努力，究竟還是有差異。）上課時和前排同學交換位子，把桌椅搬到隔壁同學旁，同學在我的課本上用手指頭引導課文的方向一起朗誦，若沒有聽到我的聲音，老師就會喊停下來，當場對我說聽不到你的聲音，要大聲點，頓時讓我恨不得鑽進地洞裡。這段時間是我的惡夢，看到國文老師都會躲開，但在一次次膽戰心驚的學習下，竟開始能跟上節拍並和同學們一起朗讀，聽見大家的聲音，這是我在參與群體活動以來最初的感動！

老師認為不一樣的聲音和腔調並不是重點，而是在學習當中，

勉勵我們要去找到自己的聲音並且認可它。至今還記得當時被老師叫號碼的情況，沒有因為我的身心障礙狀況，就給予特別的待遇或者放棄了我，反而不斷鼓勵著我，似乎是在告訴我是可以的。經歷這些身心煎熬的學習過程，很多的突破常常來自於信心的成長，比起學業上的進步，心態上的轉變更為長久、更能支持一位學生前進。於是我認為自己的「聲價」是很高的，它是由數千次、數萬次失敗，還有愛的力量積聚起來的，我不會輕易放棄它！

體會和平常生命經驗中「不一樣」的事情、
做不一樣的嘗試，
聲音不清楚、不標準，這些都是可以練習的；
讓聲音變成是最重要的發聲，成為獨一無二的自己。

| 看見神的話語 |

在 2011 年有段時間會和朋友去教會，教會裡沒有手語翻譯員，也不能聽見牧師所傳道的內容，原本以為自己會感到格格不入，覺得不舒服想離開，但我選擇留下來，不想因為中途離開而隔絕了與朋友和外界的連結，更明白在障礙上遇到的挫折會連接情緒的衝動，限制了想學習的渴望，所以當遇到阻礙時，反而更加燃起我想挑戰的欲望，企圖扭轉不滿足的現狀。

在陌生的場合裡，試著找出最適合自己的方式，在當下的環境裡做自己，我把眼睛轉移到掛在牆上的十字架，看著它，周圍的光圍著它而繞，光芒讓我感覺到祂在面前，想像使得這一切變得有趣多了，也讓我更接近耶穌。有時候覺得上教會是為了看見耶穌，本來很在意無法聽到牧師所說的內容，也不再是我所關注的重點，因為這從來就不是我的選擇。最喜歡和大家一起唱唱歌，投影幕上的字幕，內容簡單但意義深遠且易朗朗上口，在鋼琴聲與大合唱的演奏下，生疏的聽覺在聽過幾回後，便跟上了節奏哼了幾句，聽見自己與大家一起和聲，一字一字地唱進心坎裡，療癒混亂的自己，感動久久才平息。「我信聖靈，我相信賞賜生命氣息的聖靈。聖靈使我們剛強壯膽；聖靈使我們相信自己，相信自己的力量，聖靈也透

過手語，向我們的靈魂深處說話。」[＊]這份全新的經驗，相信是耶穌所贈與我的信息，也是我人生勵志的格言之一。

後來這近一、兩年從聾人朋友那裡得知，有個宗教特別為聾人專設聽障班提供上課，並安排會手語的講師和道親們來服務，讓聾人朋友們能夠親近佛法，找到信仰上的寄託，聽到的當下真的很興奮。我一直希望有手語傳道這樣的角色來當我們的耳朵，幫助我們聽見神的話語，讓思想能有雙向的交流、灌進我們的心靈。在好奇心的驅使之下，前往佛堂一探是抱持什麼樣想法的人會組成這樣的團體，一進門受到老師們殷勤地比手語打招呼，倍感親切，在場的聾人們大多數是阿公阿嬤級，而且還有些人從很遠的地方千里迢迢到佛堂來。上課時，大家全神貫注地看著講師比手語傳道，他們以不斷地點點頭表示看懂的意思，原來聾人們最需要的是被手語傾聽，上課的時光似乎成了他們生活的重心，也是最重要的精神食糧。

講師在台上比手語歌，神情搭配著手勢傳遞著充滿力量的歌詞，讓枯燥內容變成一場精彩的演出。如此細心地把課堂上的內

＊　Hannah Lewis著，王美書、王鈺芳、林碧堂、張辰芸、陳煒仁、黃懿翎、蕭怡婷譯，《聾人解放神學》，高雄：台灣手語雙福關懷協會，2016，p.338。

容翻譯出來讓我們知道，一股敬佩感油然而生，深受感動決定參加一年的課班。後來 2016 年的每週三，我會於下班後騎車直奔新竹火車站，趕上區間車到台北，再轉乘公車到佛堂上課，來回乘車時間雖然漫長，卻不疲倦，我把這趟修行視為自我深思的路程，體會佛家的道理，並在其中領悟真諦，更加確信自己是誰、還有將要去的地方。

．

在未知的道路上，尋尋覓覓

穿越聲波，看見信仰

　　聾人長期以來因為聽不見的關係，無法獲得全面的訊息，間接影響本身的判斷與決策，使得許多人在社會各種行業上沒有被賦予個人的獨立與執行力，而是直接被安排去完成簡單的工作。這樣失衡的關係，不僅讓聾人感到在社會上看不到自我被需要的價值，也覺得這世界很無聊。但在宗教裡，有聾人與聽

人分工合作的執行禮節，合作默契無間，不分彼此地一起完成的感覺蠻好；我們是多麼地渴望被人注重，若是在這樣的角色上能夠擔任重要的職責，與聽人平行，讓聾人在合作的團隊裡獲得充滿成就感以及自我肯定的信心，我想這也是能夠讓人感受到生命的真諦並體現自我價值的動力來源。看著聾人道親們臉上充滿著歡心，虔誠恭敬的噓寒問暖，只為了和大家相聚，雖然時間只有短短的兩個小時，但佛堂給予了他們所需要的被肯定與歸屬感，讓我們感受到在這社會上還是有個地方是被接納的。這個小地方在他們的心裡，是一個很大的平台，承載了不同的人群，沒有分貴富貧賤和身心障礙。

　　聾人文化存於常民生活之中，悠久而深遠，這是透過參與了一次次的文化活動後深刻體會到的。比較親近的兩個宗教，一個是佛教的觀世音普薩和另一個基督教的耶穌，一中一西的形式不同帶來文化的差異性和獨特性，讓我對兩種宗教多了更深層的認識，幫助我打開更廣的視野與心胸。

| 聾人協會 |

2016 年在朋友小白的引介下，誤「比」誤撞加入了台北市中華民國聾人協會——簡稱「手家」。協會早期是由一群聾人朋友自發性設立，原本一開始是為了聯繫感情、拉近距離，之後感於身心障礙的權益在社會上不被重視而激發了改革的決心，從個人開始擴大到社會，凝聚人們的力量向政府喊話，為謀求聾人福祉，扭轉聾人處於低劣的地位，爭取創造無障礙的友善環境，向政府提議爭取手語翻譯員和聽打服務的無障礙空間之權益等等。

小白是一位以手語文化為傲的聾人，也曾擔任過協會聾劇團的團長，她約我在咖啡館見面，和我分享對聾劇團未來想像的藍圖，希望是以手語和舞蹈、戲劇多元化結合起來的藝術來發展，她的手語牽引著全身上下的細胞，充滿律動感，身上好像裝了音箱般，無論何時看她都好像在唱歌。在這個特別的企畫裡，因著想為聾人朋友們做點什麼事，感到興致勃勃。我和小白一起參與聾人協會的組織，記得那天晚上的會議，在場都是聾人們，包括理事長、理監事等等，場面的氣氛和大學的環境不同，我畢竟脫離聾人圈子太久，起初擔心與這群人會不會格格不入，過一段時間才發現自己顧慮太多，比想像中還要快地就融入在團體裡，大家輪流一起討論，見到

的是沒有多人嘴唇在蠕動的情況，說話的聲音在空氣中消融，取代的是介於會議桌和天花板之間跳舞的手，即使安靜地坐在一旁，也能感受到放鬆，身體不用再緊蹦到需要豎起耳朵去聽聲音。

在手家有一段時間，從聾人朋友們聊天中得知協會將舉辦聽障模特兒選拔賽的活動，起初聽到名稱時，腦海中浮現電視上所看到的維多利亞模特兒選美，長得高、身材又好、多才多藝的俊男美女整齊排列的畫面，那些遙不可及的美麗夢想也能搬到聾人的舞台上。聽障模特兒選美大賽自 2005 年手家舉辦過兩屆後，很快退潮，直到在 2014 年林靖嵐出國參加捷克世界聾人選美大賽，以實力摘下亞洲之星的光環，傳來令人振奮的消息，當時氣氛圍繞在「認為別人能，自己也可以做得到」的價值觀，激起了聾人們的上爭之心。手家看見了聾人的聲音，於是在 2015 年把選美的理念，扎實地築成舞台連屆至今，活動如今已成為聾人文化最重要的活動之一。

由於大家在白天有自己的工作要忙，往往只能在下班後才有空籌劃，為了讓活動辦得更圓滿，便在活動前一年組了工作團隊，與台北流行時尚藝術協會三位聽人老師、林靖嵐聽障舞蹈團合作。我連續加入兩屆選拔賽的團隊裡，參與文宣設計、籌備計畫到執行決策，著手向社會局、外交部相關單位申請補助計畫，尋找其他贊助的管道，接著尋找場地、與飯店聯繫、文宣設計印刷、網路文宣

更新、舞台設計等等。雖然是個龐大又繁複的工作，但我很享受與聾人夥伴們討論，有種暢行無阻的感覺，並在對話中很快地產生許多新的點子，這些過程的變化讓我興奮不已，滿腦子想著要怎麼執行，這些合作的計畫是我在工作這麼久以來不曾有的經驗，只有在協會才有這樣的感覺。同時，也看見自己對聾人文化這一塊了解不足，困惑隨側在身，我花了許多時間在傾聽、詢問夥伴，了解聾人的價值觀，並學會了如何以聾人的角度來看事情。舉例來說，跳舞表演的項目是依聾人參賽者的需求，我們不一定要求參賽者提供音樂，雖然在聽人的聽覺感官上來說，有音樂才有跳舞，這樣才不會冷場，但對我來說，聾人有他們生活的一套方式，聽覺雖然沒有比聽人來得敏銳，但身體仍有自己的節拍，亦能透過肢體帶來律動，造成視覺上的音樂。就如同我繪畫一樣，以線條、色塊和幾何元素在畫布上的空間裡產生節奏，也帶來繪畫上的音樂性。這是文化慣習上的不同作法，應把兩件事情拆開來看，吹散迷霧。

參賽者們因各人的聽力程度、學習溝通的方式和生長的背景都大不相同，表達方式相對地也非常多元。我們以雙語（手語和口語）與參賽者們進行溝通，有些仰賴口語而不會比手語的朋友告訴我們，感覺到手語原來也是很重要的語言，他們現在都很願意去學手語。在他們經過課程訓練的洗禮之後，以無畏所懼、戰勝緊張的心情站上舞台，輔以唱歌、舞蹈、默劇和繪畫來表現自己的聲音以及肢體的展

現，舉手投足間洋溢著自信，讓人眼睛一亮，看見參賽者的蛻變，產生了一份期待、開心與祝福，難掩感動的情緒。這場展現自己、發掘自己的活動，我感受到最重要的是透過此活動看見了內心原初的需要，不光是「別人能，自己也可以做到」，而是肯定自己，欣賞自己的獨一無二，並專心做自己。對聾人文化的認同與擁抱越來越多，此時我才知道為什麼大家說「族群的團結一心」是這麼地重要。覺得自己很幸運地參與，深深覺得在這樣的年紀還有一點做夢的空間很棒，感覺回到十八歲的活力。聾聽合作的過程中，我不禁反思，聾人選美大賽是否一定要依照「主流社會」選美的那一套流程與評分標準呢？夢想很簡單，但卻因被主流社會價值觀排除、忽略和邊緣化，導致活動內容不知不覺地還是以聽人為主流至上的思考，從頭至尾都有音樂串場，那跟一般選美有什麼不同呢？若我們能把聾人文化的元素，如：手語、震動、視覺、燈光運用和肢體接觸，做為主要的元素，結合舞台設計和光雕投影互動地去擴展、放大並創造聾人的舞台，顛覆主流社會的聽覺習慣，讓聽人進入聾人的宇宙裡，以眼睛去感受我們所帶來的主視覺，這才是以聾人為主位的思考。

2018 年「聾飛鳳舞」文化親善大使選拔賽活動
（中華民國聾人協會提供）

| 「導航」|

　　手語也像導航一樣，明確指引方向，讓我看見新的自我認同與價值，意識到不要輕忽自己的影響力及在社會上所扮演的角色與責任。手語隨著現代醫療科技（植入電子耳）與口語教育訓練的影響，使用口語的聽障人士們越來越多，也不再比手語，眼見手語的語言正逐漸消失，且面臨語言傳承的危機。為了鞏固聾人文化的存在價值，2017 年發起的「台灣手語納入國家語言法」的活動，訴求的正是要讓手語和台語、客語、原住民語一樣列入國家正式語言，力求延續美麗的手語。

　　當時文化部在各地舉辦國家語言發展法草案公聽會，全國聾人們如火如荼地號召大家穿黑色 T-shirt 參加公聽會議，衣服上面印製的口號是「我要台灣手語列入國家語言」（見下頁附圖），表達聾人的需求以及成為正式語言的可能。聾人的聲音和手語的力量撼動人心，如果沒有協會，就不會有機會認識到一群有理想抱負的聾人朋友們，我想我可能會置身事外，漠視聾人文化吧。這一年經常在台北新竹來回跑，和聾人朋友們聊到欲罷不能，總是搭最後一班車回新竹，到家已經是 12 點了，隔天也不覺得疲倦，反而覺得自己充滿活力，喜歡和聾人夥伴們一起共事，去挑戰環境帶來的改變和

探索更多的聾文化。

此圖為林哲瑩設計（中華民國聾人協會提供）

圖像手勢說明：

手握住拳頭往上，在手語比法的意思是「支持」！

4-4

顛覆人生

| 人的延伸 ── 人工電子耳 / 助聽器 |

在科技產物下的人工電子耳與助聽器，是兩種不同的聽覺輔助工具。助聽器是外掛式，幫助放大外界的音量，而電子耳是開刀手術把「電極束」植入人體耳後方，並從外部配戴麥克風藉由電極傳遞訊息，直接刺激聽神經而產生聽覺。這樣植入人體的方式，讓我想起《攻殼機動隊》的動畫電影，內容主要描述的是以科技電子

裝置植入人體裡結合的方式和形態，突破身體的侷限，稱之為賽伯格。以科技來強化身體所缺乏的某種器官機能，為了讓自己更像聽人一樣能聽能說，也讓自己在社交上和生活上更加便利。

> 聽覺取代視覺，拉到最前面，成為日常的依靠
> 也因為這樣，我才能使雙眼放空，
> 只要依靠著耳朵，傾聽四周環繞著的聲音就好。

　　電子耳一直是聾人最關注的議題之一，關心的不只是術後的恢復情況和後續復健的發展，而是有如《攻殼機動隊》般裝入機械義肢，變成加強版的賽伯格，從此無憂地進入有聲的世界。手術的過程裡，有些人恢復良好，也有人說會頭痛，每個人身體反應不同。最重要的是要積極配合聽語訓練的復健，重新學習解讀新聲音的訊息，才能發揮電子耳最大的效果。

朋友分享裝電子耳之後的一些情況，過去在上課時，要死盯追著老師的唇形跑，追得很累，自從裝了電子耳之後，可以低著頭一邊聽老師說話、一邊寫筆記，不必擔心眨一下眼或晃了神而錯過老師說的話。口語復健後更為清晰，表現出擁有更多「聽」和「說」的優秀表現，他們迫不及待地想要探索聲音的領域，想聽見什麼就去聽什麼，彌補過去無法參與一些的情況，如：在公司開會、聽大師的演講、上課、研習會和英文補習等等。聽到這一幕時，羨慕得起雞皮疙瘩來，是我一直想要的生活樣子。朋友問我，會不會想要開人工電子耳呢？雖然曾經心動，但要真正思考問題時，反而猶豫，想了很久，還是很喜歡現在所配戴的助聽器，在日常生活上的習慣和樣子，把自己當成聲音蒐集師，戴著全罩式耳機，手拿著毛茸茸的大麥克風，和日常裡各式各樣的聲音一起生活，靜靜地聽著沒有聽過的聲音。只有在遇到和聽人互動產生挫折時，才會有這樣強烈地想要裝電子耳的欲望吧，我想我只是一時被挫敗的情緒影響，並不是真正為了想聽見聲音就跑去裝電子耳。

　　在 2016 年的聾人電影節中，看了由英國聾人導演 Ted Evans 所拍的一部劇情片電影《終結日》（The End），片中提到未來的世界裡，人工電子耳隨著聾人的渴望並拜現代科技之賜全面性地發展，使原本聽不見、講不清楚的聾人獲得重生，和正常人一樣無

異。全世界的聾人都被治癒了，最後只剩下男主角不願意去動手術，他認為他這樣生活就好了，但是輿論的壓力迫使他最後不得不選擇自殺。科技雖然帶來希望，但也把手語的語言抹殺掉，只剩下他一個不會說話、只會比手語的聾人，在面對著被遺棄的文化裡，他以憂傷的眼神，帶著堅定的口吻對著螢幕說：「我是聾人」。這樣的畫面讓我有很深的感觸，我們什麼時候才會學會正視身體的殘缺呢？或者它並不是殘缺，而是賜給你的一種能力，是一般人所沒有的。

「學習如何發揮、使用身體最大的可能性」

想起梭羅在《湖濱散記》寫的一段話：「一個人若能自信地向他夢想的方向行進，努力經營他所想望的生活，他是可以獲得意想不到的成功，他將要越過一條看不見的界線，他將要把一些事物拋

在後面；新的、更廣大的、更自由的規律將要開始圍繞著他，並且在他的內心建立起來；或舊有的規律將要擴大，並在更自由的意義中，得到有利於他的解釋，他會拿到許可證，生活在更高級的秩序中。」*無論使用電子耳或者助聽器，都無法讓自己更接近「正常人」，聽見自己的鼓聲，請不要停止好奇心，找到屬於自己聽見的方法，即使和一般人不一樣，但，聲音是無限的。

| 時間是一條逆流的河 |

時間是我最討厭的東西，
它總是不斷消耗我的耐心
和脾氣，把人逼到牆角崩潰

---

* 梭羅著，徐遲譯，《湖濱散記：樹林中的生活》，遠足文化，2012。

我在盡量不麻煩別人的情況之下，一直努力過著日子，凡事親自親為，處理生活上的大小雜事。但有些時候還是需要以電話去聯繫，這時不得不麻煩家人或室友幫忙打電話，像是打到餐廳預約時間、有幾個人，或者快遞員打電話來，我會把手機交給室友幫忙接聽，生活中會有好多電話上的依賴。

　　當他們沒辦法立即幫我，如果要等別人來幫忙，是不是就這樣錯過了很多時間，還有很多機會嗎？

　　當我需要幫忙翻譯，他們會幫我詢問一些事情、傳話，把無形的聲音轉成有形的文字，但他們通常把繁複的細節濃縮成簡單的重點告訴我，我只要依照指示去完成就好。這些溝通的方式在傳達訊息時，經常是被過濾和受限的，造成了內容的流失，也很難立即地傳達，因此我對事實的了解是被篩選過的，明明是簡單的事情，總

是花許多時間一再重覆地去確認結果的答案。

幾次朋友好意陪同辦事時，店員或是辦事員一開始都是刻意放慢速度面對著我說話，一旦時間久了或是有他人介入時，就會轉向請朋友幫忙翻譯，反而自己被晾在旁邊。我決定試著自己一個人去辦事，唯有如此才能真正地從頭到尾被面對，自己也常積極地去面對人，如此才能將各種環繞在心裡的負面想法都解決，自己一個人辦事真的輕鬆多了啊！

| 宣告自己的身分，化解不必要的摩擦 |

有一次收到好幾通陌生但同一個的電話號碼，因為無法接聽電話所以直接關掉沒有理會它，隔了幾天收到銀行寄來的信，上面寫著說你的卡片疑似異常，請我趕快打這支電話過去，這下緊張了，我直接請妹妹幫我打電話去問，結果對方說因有個資保全的關係，所以一定要本人接聽才可以處理，妹妹有向對方表明我聽不到，不能接聽電話，但對方說連最親近的家人也不行，需要本人去銀行一趟，這對聽不見的人來說真的非常不友善。特地找了中午空檔去銀行，直接表明我聽不見的身分讓對方知道，化解溝通上不必要的疑慮，拿出事前先準備好的小稿子，上面寫著我去銀行的目

的。當對方知道我的來意，開始放慢說話的速度，以及寫下重要的事情給我看，在一來一往對話過程中，感受到行員的細心與耐心，我那忐忑不安的心情隨即放鬆起來。

遇到再大的問題最終還是會解決，心中洋溢著完成一件事而滿足的感覺，馬上傳訊息告訴妹妹說：「銀行的事情辦好了喔」，妹妹問說：「你一個人去嗎？ 我以為你會找朋友陪你去」、「如果是我，也會不知道要怎麼處理」。有了這次的經驗之後，從此下定決心不管大小事，都要練習一個人去面對，不管看人家擺臉色多少次，或者敷衍處理我的事情，但我相信只要試著多次詢問不同的人，一定會有人會告訴我細節，再從這裡取得經驗，之後遇到同樣的問題，自己就可以很快地從容處理，不會再像第一次那樣地不知所措。（每一次遇到同樣的問題，卻像回到第一次不明白的原點。）我知道生活很辛苦，前方仍有許多課題需要面對，但躲在象牙塔裡，我就無法體會這些挑戰與考驗，和可能隨之而來的美好與成就。

| 講自己的作品，說自己的故事 |

每當展覽主辦單位告訴我會安排藝術家現場導覽作品，問我願不願意在場導覽呢？面對這情況，我總是很猶豫，第一，對和別人不一樣的腔調沒有信心，擔心自己講得不夠清楚，大家會走掉。第二，不希望大家站在身心障礙的角度，以同情的眼光去看我這個人和藝術作品，我只想要他們看我的作品就好，不需要知道太多個人的細節放在裡面。但想一想，他們也許是不知道該用什麼方式接近我、了解我，隔閡的距離和誤解才會這樣產生。

當大家一圍繞著我，雖然很靠近讓我很不好意思，但他們很努力地拉長耳朵，想要聽得更清楚我在說什麼。不斷提醒自己不要講太快，慢慢地說，他們會聽得懂。大家跟著我移動看下一個作品，一起互動、一起分享，感受到每個人專注的神情，再也不會覺得自己和他們是不一樣的人。原本想像中的尷尬情況在互動中不知不覺地消失了，我從原本很小聲說話到變成很有信心地講解作品。這讓我體悟到，這世界雖然存在許多異樣的眼光，但仍有許多溫暖與良善存在著，而良善是有影響力的，所以讓我更信仰良善。

| 不同的語言，不同的對待 |

　　在一場藝術家的座談會中，我觀察到我和外國藝術家身邊都有翻譯人員，外國藝術家身旁的翻譯員正在把中文翻成英文說給他聽，和我跟手譯員互動情況相似，原來不只有我不一樣。接著，輪到外國藝術家在台上用英文分享他的作品時，也需要經過翻譯員轉述成中文，才知道他的創作理念，這一幕覺得很熟悉。不同的語言，為什麼大家願意等他並傾聽呢？而我是被一般人使用「身心障礙」的標籤來看，放大我的聲音覺得怪怪的、不清楚？希望自己更勇敢面對大家，使用自己的聲音，來顛覆大家對聲音的想像，去傾聽我的聲音並認識我。生活對我們來說的確不簡單，我們必須要克服很多困難。和一般大眾想像的不太一樣，難的不是克服身體障礙，而是如何去面對社會的眼光。我不希望以發出「正確」的聲音來獲得他人的認同，反之，我以自己對聲音的認知，將其轉化成繪畫的方式呈現出來。

　　擁有這一段經歷之後，會想要超越現在，甚至覺得自己可以再更好，這樣的動力，驅使自己不斷地前進！藝術是一個媒介，讓我跳脫身心障礙的身分，我需要勇敢，帶著傻勁與勇氣，站在創作的平台上重新找回我在聲音上的主權，去突破與創造與聽人相處的環境，讓他們對於這世界上不一樣的群族給予更多的理解與尊重。

｜顛覆人生｜

朋友提出很有意思的問題
「如果有一種神奇的藥會讓你聽得見聲音，你會吃嗎？」
我的答案是：「不會」
我在創作上找到了自己的天賦，它把我的想法傳送出去，
讓每個人都看得見。
因為愛，愛給了我很大的支撐與信念。

後記

　　這本書的偶遇，是我在展場分享自己作品的創作理念時，晨
星出版社的韻絜剛好也在場。之後請我寫書，寫下關於自己的故
事，在她的鼓勵與建議下幫助我（還有時不時為我打氣捎來的甜
點），著手建立了本書的內容。

　　創作是生命必須的信仰，帶著孤單的靈魂，尋找熱情與自我存
在。我的繪畫一直描繪著生命經歷不同階段的轉折，以及探索從內
心到外界，這些都是我創作最關注的主題。這本書加入了關於個人
的故事，以文字與畫作結合的方式呈現，不為難地書寫，希望讀者
能透過畫作和笨拙的文字感受到我所聽見的這個世界。

　　感謝在求學時期深受蕭勤教授、薛保瑕教授、謝鴻均教授和
陳建北老師的支持與分享，讓我堅定地在藝術創作領域裡實踐繪
畫。很幸運地能夠和喜歡的藝術家們及老師們一起為熱愛的藝術
創作。

　　感謝最親密的摯友心心，以極大的耐心和紮實的文字功力，把
我顛倒的中文語句和文法不通的稿子，變成流暢易讀的這本書，試

著把我想說的話更完整地表達出來；對心心的感激與支持，實在無法以言語形容，在獨自創作的路上，更是我最好的夥伴。

感謝頭號讀者馨鈺、佳鈴，提供很多很棒的建議與鼓勵，讓我有信心地繼續寫作。

最後要感謝一直支持我想做什麼就讓我做什麼的爸爸媽媽和妹妹弟弟們。

國家圖書館出版品預行編目資料

我把耳朵借給了畫筆 / 林瑋萱著 .-- 初版 . --
臺中市：晨星 , 2019.10
面；　公分 . --（勁草生活；445）

ISBN 978-986-443-932-4（平裝）

1. 林瑋萱 2. 臺灣傳記 3. 聽障 4. 自我實現

177.2　　　　　　　　　　　　108014037

勁草生活 445

我把耳朵借給了畫筆

作者	林瑋萱
編輯	王韻絜
校對	林瑋萱、王韻絜
封面設計	Lime Design
美術設計	陳柔含
創辦人	陳銘民
發行所	晨星出版有限公司 台中市 407 工業區 30 路 1 號 TEL：(04)23595820　FAX：(04)23550581 行政院新聞局局版台業字第 2500 號
法律顧問	陳思成　律師
初版	西元 2019 年 10 月 1 日
初版二刷	西元 2020 年 1 月 1 日
總經銷	知己圖書股份有限公司 106 台北市大安區辛亥路一段 30 號 9 樓 TEL：02-23672044 / 23672047　FAX：02-23635741 407 台中市西屯區工業 30 路 1 號 1 樓 TEL：04-23595819　FAX：04-23595493 E-mail：service@morningstar.com.tw 網路書店 http://www.morningstar.com.tw
讀者服務專線	04-23595819#230
郵政劃撥	15060393（知己圖書股份有限公司）
印刷	上好印刷股份有限公司

歡迎掃描 QR CODE
填線上回函

定價 350 元
ISBN 978-986-443-932-4

Published by Morning Star Publishing Inc.
Printed in Taiwan